# 战旗飘飘

## 战旗村乡村振兴的故事

李宏伟 屈锡华 梁胜 著

四川大学出版社

图书在版编目（CIP）数据

战旗飘飘：战旗村乡村振兴的故事 / 李宏伟，屈锡华，梁胜著. — 成都：四川大学出版社，2023.11
（乡村振兴丛书）
ISBN 978-7-5690-6466-7

Ⅰ.①战… Ⅱ.①李… ②屈… ③梁… Ⅲ.①农村—社会主义建设成就—成都 Ⅳ.①F327.711

中国国家版本馆CIP数据核字（2023）第222850号

| 书　　　名： | 战旗飘飘——战旗村乡村振兴的故事 |
|---|---|
| | Zhanqi Piaopiao——Zhanqi Cun Xiangcun Zhenxing de Gushi |
| 著　　　者： | 李宏伟　屈锡华　梁　胜 |
| 丛　书　名： | 乡村振兴丛书 |

出　版　人：侯宏虹
总　策　划：张宏辉
丛书策划：庞国伟　梁　平
选题策划：陈　纯　傅　奕
责任编辑：陈　纯
责任校对：孙滨蓉
装帧设计：叶　茂
责任印制：王　炜

出版发行：四川大学出版社有限责任公司
　　　　　地址：成都市一环路南一段24号（610065）
　　　　　电话：（028）85408311（发行部）、85400276（总编室）
　　　　　电子邮箱：scupress@vip.163.com
　　　　　网址：https://press.scu.edu.cn
印前制作：四川胜翔数码印务设计有限公司
印刷装订：四川省平轩印务有限公司

成品尺寸：170 mm×240 mm
印　　张：16.25
字　　数：216千字
版　　次：2023年11月 第1版
印　　次：2023年11月 第1次印刷
定　　价：58.00元

本社图书如有印装质量问题，请联系发行部调换

版权所有　侵权必究

扫码获取数字资源

四川大学出版社
微信公众号

# 序言一

四川省成都市郫都区唐昌街道战旗村，这个当年因民兵训练荣获嘉奖而更名"战旗"的川西普通村落，经过十多年的发展，先后荣获"全国社会主义精神文明单位""全国文明村""省级四好村""四川集体经济十强村"和省市"新农村建设示范村"等称号。战旗村的发展不仅引起了地方政府及社会各界的关注，还受到了党和国家领导人的肯定。2017年10月18日，习近平总书记在党的十九大报告中提出"乡村振兴"战略，四个月后就来到了战旗村视察，详细了解了该村的基层党组织建设、村集体经济发展、土地制度改革、村民收入及民生保障等情况，称赞战旗村"战旗飘飘，名副其实"，并嘱托战旗村："要继续把乡村振兴这件事做好，走在前列，起好示范，让村民收入像芝麻开花节节高。"

从一个名不见经传的普通村庄，发展成党和国家领导人重视的乡村振兴示范村，战旗村的发展模式必有独到之处，经验必然可资借鉴，发展路径值得深究。早在2006年，本书的主要作者屈锡华教授便带领大学生参加了在战旗村开展的"大学生进农家"活动。在此期间，屈锡华教授实地考察了战旗村，并与村干部和村民进行了交流。从战旗人身上，他看到了充满智慧的朴素的农民哲学与现代市场经济理念的水乳交融，深切地感受到了战旗人强烈的发展渴望和"自立自主自助"的战斗精神。屈锡华教授敏锐地预感到这个有着响亮称号的川西小村庄将在未来"战旗飘扬",在中国广袤的农村大地上踏出一条具有鲜明特色的发展之路。从那时起,他便带领研究生跟踪考察战旗村的发展轨迹。果不其然,经过十年的探索和发展,战旗村发生了天翻地覆的变化,从一个以种植业为主的传统农村,发展成了一个一二三产业融合发展的现代化农村,树立起了新农村建设的典范。于是,屈锡华教授将多年对战旗村跟踪调查形成的资料进行整理,于2014年出版了《战旗村变迁纪实录》,展现了战旗村变迁的历史轨迹和主要的发展特点。

《战旗村变迁纪实录》出版后的几年中,战旗村的发展又上了一个新台阶,尤其是在2015年其所在的郫都区被国务院选定为"征地制度改革、农村经营性建设用地入市和宅基地制度改革"的试点之后,作为"试点中的试点",战旗村在集体经济股份量化、土地制度改革、产业发展、基层党建、民主治理、乡风文明等各个方面成就斐然。可以这样说,战旗村近几年历经的改革更重大更深刻,发展的速度更迅猛,超过了以往任何一个时期。在此背景下,《战旗村变迁纪实录》的内容已难以展现战旗村发展的新成就、新特点,也不足以涵盖战旗村发展历程中的一般性规律。此外,彼时著书的基本思路以"新农村建设"战略为指导,而今"乡村振兴"战略在"新农村建设"战略基础上,更全面更深刻地指出了未来中国农村乃至城乡关系的发展方向。"乡村振兴"战略是党中央在深刻认识我国城乡关系变化趋势和城乡发展规律的基础上提出的重大战略,是促进农村繁荣、农业发展、农民增收的治本之策。但是中国的农村实在太复杂、太多样,"乡村振兴"战略必须立足具体实践,才能实现其预期目的,因此急需以典型村庄的发展案例为微观切口,系统探究中国农村,尤其是普通农村在"乡村振兴"战略背景下的发展道路。

战旗村在改革开放大潮中,始终坚持与时代同频共振,走改革兴村之路,聚焦如何有效利用土地资源,以及如何正确处理好土地与农民、土地与经济发展之间的关系，探索开创了新时代乡村振兴的新篇章。因此，通过梳理战旗村的历史发展轨迹，全方位地剖析战旗村发展模式，有助于为"乡村振兴"战略的实施和中国普通农村的发展提供经验参考。这即是撰写本书的初衷。

本书分为变迁篇、振兴篇、启示篇和纪实篇四个部分。变迁篇将战旗村建村以来的历史划分成建村之初，条田改土学大寨，集体经济初步发展，村集体企业改制，土地集中经营，新农村建设，集体经济股份量化改革，集体经营性建设用地入市，乡村振兴，新战旗，新起点等十个阶段，详细回溯了各个历史阶段的发展历程。振兴篇以"乡村振兴"战略为指导，全面展现了战旗村在产业兴旺、生态宜居、乡风文明、治理有效、生活富裕等五个方面取得的成就。启示篇旨在借战旗村的发展经验为实施"乡村振兴"战略和中国农村发展提供一个微观的参考案例。该篇总结提炼了战旗村实现乡村振兴的十大发展经略：扣准政策发展脉搏、基层党建领航改革、创新村级治理体系、集体产权制度改革、释放土地利用权能、发展壮大集体经济、"多规合一"村庄规划、农文旅一体"大农业"、村精英与职业农民、自主自助自创精神。纪实篇保留了《战旗村变迁纪实录》一书中对战旗村八任村书记的访谈，并在不影响内容真实性的前提下，进行了适当地删减。

李宏伟

2021 年 10 月

# 序言二

## 回归——人，诗意地栖居

党的十八大后，新当选的中共中央总书记习近平在国家博物馆参观"复兴之路"展览时，第一次阐释了"中国梦"的概念。随后，在2013年的两会期间总书记再一次详细论述了"中国梦"，引起了所有与会代表的广泛热议，一时间，"中国梦"开始因梦想而飞扬。

笔者一直从事农村社区的研究工作，有关农村的问题也一直是关注的焦点。总书记对"中国梦"的阐述也让笔者热血沸腾，似乎看到了不久的未来——中国人都能过上有尊严的体面生活。但是高兴之余，我更多地想到了"三农之梦"。到底什么是中国的"三农之梦"？"三农之梦"又该如何去实现？有哪些难题还有待去解决？"三农之梦"与"中国梦"有哪些关系？"三农之梦"对于"中国梦"的实现意味着什么？

"农村社区发展与基层组织"是笔者给学生上的一门课，这课一讲就是十多个年头。自开课至今，有关农村社区的建设也是笔者一直关注的焦点问题。如果把这个问题延伸得更广阔一些，那笔者更关心的是未来农村社区的面貌与人类最终的归宿。然而，这一课程无论经历多少个年头，换了多少个版本的课程讲义，笔者的初衷始终都没有改变，对社区，尤其是对农村社区的理解也终究归于"回归"二字。时光荏苒，岁月如梭，人类不管经历怎样的繁华变迁，终要回归土地，回归自然。诚如德国19世纪浪漫派诗人荷尔德林所言"人,诗意地栖居",人生在世,无不追求一栖居之地。而诗意,既是体验,鼓励人们以神性的尺度规范自身,以神性的光芒映射精神的永恒;亦是领悟,告诫人们,除了简单再简单的物质生存条件之外,还要在精神的矛盾折磨中进行自我的否定再否定。

中国是一个有着几千年农耕文明传统的国家,土地对于中国农民来说,不仅是他们的根,更是他们的命。在这片土地上,传统的农村社区自然而生,成了汇集中国农民勤劳与智慧的文化共同体。但是,进入现代社会以来,国家的建构使得农村社区不再是自然状态,更是一种国家规划性制度变迁的产物。同时,维系传统农村社区的文化资源急剧流失,人们的归属感和认同感逐渐淡漠甚至消失。特别是由于城乡差别的存在,农民对于在自己家乡构建理想的生活家园缺乏足够的自信,更希望走出农村寻求理想。这正是进入现代社会以来出现"乡土衰败"的重要原因。"乡土衰败"不仅仅是物质层面的,更是精神层面的。社会生产生活以及社会核心价值都不再以乡土为本,着实令人悲哀。面对如此的困境,我们不禁要问,中国农村社区的出路在哪里?中国的"三农"的道路又该走向何方?

八年前,一个偶然的机遇,笔者结缘了川西平原一个村庄——郫县战旗村。当时,战旗村村办企业改制刚刚成功完成,战旗人从此开始了一段新的发展征程。八年间,笔者亲眼目睹战旗村发生了翻天覆地的变化,从"大学进农家"活动的隆重举行,到土地流转的顺利完成,到"妈妈农庄"盛装开幕,战旗村一路走来,就如同一颗璀璨的明珠一般,照亮了整个夜空。笔者亦开始思忖整个中国农村的发展。战旗村能够取得今天的成绩,并不是偶然的。翻开战旗村的发展历史,半个世纪以来,八任村书记带领战旗人前仆后继,艰苦奋斗,勇于创新,才换来今天的面貌。对于战旗村的研究,笔者无意去总结或者推广一个统筹城乡发展的标本，仅仅是希望通过对战旗村变迁路径的思考，探寻中国发展农村社区以及"三农"之路的一点端倪。

认真分析中国的实际国情就会发现，我们国家中长期内不可化解的矛盾，就是中国农村不可能随工业化、现代化而能够有效地实现城市化，大量的农民仍然将继续停留在传统的农业生产领域之中，停留在传统的农村社区之中。试图依靠城市化的自然进程来解决农村问题只是一种虚妄。既然如此，我们为何不另加选择呢？踏踏实实地回到农村，留在农村，建设农村，走一条自主、自助、自创的道路。关于这一条道路的实践，战旗村的经验可谓具有极大的借鉴价值。战旗人真真切切地践行了"回归"土地这一真理，他们敢为人先，在市场经济条件下以土地为基础，将土地和农民有机地联系起来，以农业为基础，吸引所有的农民留在土地上，坚守在农村。就是这样一个没有任何背景的川西小乡村，走出了一条共同致富的康庄大道。

新农村的建设和发展，需要典型，但是更重要的则是去深刻剖析典型背后的发展经验。中国有几千个村庄，每个地方的环境、资源条件都不同，一味地去模仿是不可能建设好社会主义新农村的。在社会主义新农村建设大潮中，涌现的典型有很多，而战旗村便是其中之一。每个典型的发展模式可能会不一样，发展的效果也可能大不相同，但是，典型村庄发展过程成功的经验和失败的教训却是值得其他村庄学习和借鉴的，这正是笔者编写这本书的初衷。

回顾战旗村发展变迁的历史，对于回归农村社区建设、回归土地母亲怀抱的中国"三农"之路，笔者认为有三点值得我们思考：首先，土地是农村最重要的资源，是农村发展的根本依托，新时期的乡村建设，最根本的任务就是要唤醒土地这一"沉睡的资本"，让土地增值，吸引人们留驻乡村；其次，对于农民来说，只有自主、自立、自创，才能找到三农问题的出路；此外，要重视农村精英，发挥村级组织的"运营性经纪人"角色的作用，集合村庄集体智慧，挖掘村庄自身潜在资源，适时引进外部支持，推进乡村自治精神的发育。

屈锡华

2021 年 4 月于川大

# 序言三
## 战旗村印象

### 一、战旗之神：精神的活力

战旗村，这个当年因民兵训练荣获嘉奖而更名战旗的川西边缘村落，至今仍充盈着生龙活虎的气息；正是三十多年前那些高唱"飒爽英姿五尺枪，曙光初照练兵场"的战旗民兵们，在继后的改革开放大潮中，高举战旗、乘风破浪，朝着建设社会主义新农村的彼岸，勇往前行。

### 二、组织之魂：正能量的堡垒

今日的战旗村，不能不说已经山乡巨变、面貌一新，村民们现在已住进了连体别墅式的新房。那一排排川西民居风格的三层楼房，错落有致、布局有格、曲径通幽，别具乡村风情；门庭相望、院落相间、邻里通融，一派祥和！如此安宁的生息，如此宜人的居家，连城里人观后都感叹不已。但我们更要为战旗村人感叹的是，他们对城乡统筹可期实现乡村城镇化愿景的共识与共谋，并为之同心同德的求索与践行。为什么战旗村人在各显神通自谋发展的市场经济中仍有集体意识与意识集体呢？为什么战旗村人在建设美好家园的行动中能如此集中统一与统一集中呢？

我们调查研究的结论是：战旗村党的基层组织始终健全有力，并能运筹帷幄，明达政策，把握方向。

我们能推断并实证这个结论，是因为从1965年以来的八任村书记中，有七位仍健在，其中年龄最大的蒋大兴书记，已百岁高龄，仍精神矍铄，思维清晰。他们真可谓是战旗村社会发展里程最可靠的历史见证，是其半个世纪的社会变迁的由来与梦境交汇。

为此我们对仍健在的七任村书记进行了专访，并通过同事和家人对已过世的杨正忠书记在任期间的党建与村务经略进行了资料补救整理。

这八任村书记中，有一位连任过三届，有两位连任过两届；更有连续性的是他们中大多都曾任村委会主任（或生产大队长），并经过民选再度脱颖而出。由此可见，战旗村的村书记们的民意共识度都很高；也由此可见，战旗村的"村官"们是村民群众值得信赖的集体当家人；更由此可见，战旗村的事业是经过前后承接、届届相传，从而持续稳定地发展起来的。

### 三、"村官"的睿哲：问计村集体保障

在仍要以土地为生存依托的农村，无论是从土地集中整理提高生产效益的角度，还是为农业生态资源保护的迫切现实，抑或共谋福利与探求共同发展的，村级基层都是不可再分的载体与集体。再分就意味着其形态的解构，对于"三农"，就意味着一切都成为无米之炊的空谈，这其中的奥妙很早就被战旗村的"村官"们解读。这便是战旗的精英们在生产经营与资产管理的种种制度设计中始终坚守村集体所有制为底线的由来。即使是在三十多年前实行联产承包责任制时，战旗村也保留了村办企业的集体经济成分，这为其后的"合"留下来了纽带。因为他们知道"分"可以是一夜之间的事，而"合"则要有千种理由与万种前景的

利益导向。所以，在土地再度集中之后，土地使用权统归村集体并实现制度化。因为战旗村人深知，"三农"是脆弱的，这有三层意思：其一，脆弱是经不起折腾的，因而要倍加关爱呵护，任何人做任何事都不能有损"三农"；其二，唯有守护集体才可守护"三农"；其三，村集体是"三农"合法的最小载体。

我们对村集体的解读，从书面上只能表达出以上三层意思。至于战旗村维护村集体进而维护其"三农"利益的种种做法，特别是村集体不可再分的玄机与哲理，如果读者想进一步解读，可联系战旗村党支部。

在调查和与"村官"们的交流中，我们知道战旗村以村集体所有为底线，绝非守旧，而是从社会公正、公平的角度，以保障村民利益为根本原则，去创新设计村集体制度，这些制度既要根除"大锅饭"的平均主义，又要杜绝资产耗损与流失的现代偷窃伎俩。正如李世立书记与我们交谈中所说，股份制现代管理制度好不好？当然好，作为高层管理就更好，更有利可图，但我们不能照搬。作为经营管理我们可以参考一些好的办法；作为村集体的资产管理绝对不行。道理很简单，全世界所有的公司都是有限责任的，任何时候都可以宣布破产而逃之夭夭，不顾及任何社会责任。我们的村集体能够破产吗？我们对村民群众的利益只有维护的责任，对村集体资产只有保值增值的责任！

### 四、"村官"的逻辑：催化的非农是浮云

在与村书记高德敏的几次交流中，他都提到城镇化问题。他说：我国有十三亿多人口，我的估计至少还有八亿农民在农村。当然，有些打工的农民已住进城了，但他们还是农民，他们的根还在农村。我不知道啥子是"刘易斯拐点"，反正有人说这"拐点"已经到了，大多数农民很快就可进城干事了，按照他们的说法农村剩余劳动力都可转移到城市了。对此我很疑虑，这个"很快"是十年、二十年还是一百年？几亿农

民转移到城市能都就业吗？如果是去白吃白住，国家负担得起吗？几亿农民进城就得新建数十个百万人口的大城市，建到哪里？太玄了，我个人认为，再过五十年，我国至少还有五亿农民仍在农村，信不信由你。

你想把英国、法国、德国加在一起，只有两亿人口；美国国土面积与我国相当，也才三亿多人口，而加拿大的国土面积比我国还要大，仅三千多万人口。把它们都加在一起，约五亿人，其就业人口肯定超不过四亿。而我国的人口国情是，再过五十年才呈现人口规模的高峰，最低线也有十六个亿。

所以，我们战旗村人很本分，他们知道自己的农民身份不仅此生也许还会延续几代人，为此一定要建设好自己的家园，为子孙后代造福。他们不奢望进城，在城里没有工作算什么城里人！如果养老，还不如我们战旗村，这里是成都的上风上水，空气好、水好、生态好。

### 五、"村官"语录：灼见真知

我们在战旗村的跟踪调查已经八年了，与李世立、高德敏两位村书记成了好朋友，高书记是李书记任届时的村主任。这八年里，我们课题组成员不时进村造访，已成战旗村的常客。在与两任"村官"的长期交流中，我们越来越觉得他们不仅能说、会做、见多识广；更能明达政策、守经达权，且运用之妙，存乎一心。

这里，我们仅摘录出同他们交谈中的几段话语，由此你也许就会认同我们的上述感知。

> 想大事，做小事，这才是"村官"。
> 
> ——李世立

我们仅在一个村做事，比起省、市和国家，我们做的是小之又小的事。但一个村的事没做好，就是大事；而要把一个村的事做好，就要想大事，凡事要想到国家，想到党的方针政策，你才把一个村的事办得好，李书记如是说。

　　你能具备和做到以下三个"三"，你就不畏前进路上有三座山，你就能知难而进，当好一名村书记。

——李世立

　　李书记用坚定的语气阐述道：这第一个"三"，即是当好一名村支书，必须要具备三个必要条件，一是政治思想要好，二是工作能力要强，三是实战经验要足。这第二个"三"，是在工作中要做到三个明确，一是明确自己要干啥，二是要明确做事的方法，三是要明确遇到问题怎样解决。这第三个"三"，指的是三个干，一是要说服党员、干部、群众一起干，二是要动员党员干部带头干，三是要感动"上帝"支持干。"上帝"就是体恤、关爱和帮助我们新农村建设的人们。

　　当村书记必须全心全意，任何在利益问题上的公私兼顾都是托词、辩解，都是不可信不称职的，这是我们战旗村知人善任的试金石。

——李世立

　　如此铿锵、明了、语惊四座的直声，任何诠释都会苍白。

　　大家选我当村主任，是大家的托福；大家不选我当村主任，我托大家的福，发我自己的财。

——高德敏

　　这是高德敏就任村书记后，同我们交谈时，回忆当年他竞争村主任说的话，是他的竞选宣言。他说，十多年前（高德敏连任两届村委会主任）还年轻，说话直来直去，没得弯拐，至今想起来还脸红，觉得自己太直白了，太冲了。

高书记说的这句话，很快在村里传开了，但已被浓缩成更简洁的话："你们选了我，是你们的福气；不选我，是我的福气。"

就这句话我们在调查中问过几位年长的村民，他们说："高书记当时说过这样的话，是前一句还是后一句记不清了，但就是这个意思。我们当时不觉得他冲，他说的是真话，掏心窝子的话。他是我们村的能人，不当村干部，他每年可挣很多钱。选他当村主任，协助李书记，书记掌舵，村主任干事。这两个强人搭档，对外我们不吃亏，对内我们信得过。十多年过去了，我们当年选高德敏当村主任选对了，这一届又选他当村书记，我们照样信得过。"

"村官"漫画：铜头，铁嘴，橡皮肚，飞毛腿。

——高德敏

同高书记交谈，当他兴致勃勃的时候，就开怀释然，妙语连珠。他戏说自己：五短身材，冲天志气；头上发光，心中嘹亮。他调侃"村官"：称官不是官，村民称"村官"；"村官"虽然小，管事知多少？

我就想做一个中国农业公园，让我们战旗村像那些名村一样，在西南地区成为一个品牌。我还有好多好多的设想，希望未来五年一步步全部成为现实，把我们的战旗景区打造成AAAA级景区！不要小看农民，我们这些农民就是要做个大事给全国看看。

——高德敏

这不是空想的豪言壮语，战旗村正在着手规划和打造中国农业公园，几年之内就能梦想成真。

## 六、战旗模式：智慧的结晶

经过村党支部、村委会充分酝酿，高度概括，战旗村总结出七个字的管理模式。这七个字是:"一统""两制""三集中",可谓战旗村的七字真言。

"一统",指全村发展统一规划,统一进行土地权属的调整。

"两制",指实行资产资源村集体所有制,实行农用土地股份合作制。

"三集中",指土地集中经营,村民住宅集中修建,产业集中连片发展。

屈锡华<br>2013 年 12 月

# 目　录

## 第一篇　变迁

建村之初 …………………………………………………… 003
条田改土学大寨 …………………………………………… 006
集体经济初步发展 ………………………………………… 008
村集体企业改制 …………………………………………… 012
土地集中经营 ……………………………………………… 017
新农村建设 ………………………………………………… 020
集体经济股份量化改革 …………………………………… 026
集体经营性建设用地入市 ………………………………… 029
乡村振兴 …………………………………………………… 035
新战旗，新起点 …………………………………………… 038

## 第二篇　振兴

产业兴旺 …………………………………………………… 043
生态宜居 …………………………………………………… 064
乡风文明 …………………………………………………… 076
治理有效 …………………………………………………… 088
生活富裕 …………………………………………………… 102

## 第三篇　启示

与时俱进：扣准政策发展脉搏 …………………………… 121
领导核心：基层党建领航改革 …………………………… 126
民主基石：创新村级治理体系 …………………………… 129
利益保障：集体产权制度改革 …………………………… 135
核心要素：释放土地利用权能 …………………………… 142
兴村之道：发展壮大集体经济 …………………………… 150
空间载体："多规合一"村庄规划 ………………………… 157
产业模式：农文旅一体"大农业" ………………………… 160
人才培元：村精英与职业农民 …………………………… 167
文化固本：自主自助自创精神 …………………………… 173

## 第四篇　纪实

蒋大兴：用战斗的旗帜引领前进 ………………………… 181
罗会金：沟端路直树成行，条田机耕新农庄 …………… 184

李世炳：烈火成灾何所惧，战旗地上绘新图 …………… 187
杨正忠：团结是战斗力的源泉 …………………………… 192
易奉先：让老百姓好过，成为万元户 …………………… 195
高玉春：民以食为天，兴办村企业 ……………………… 199
李世立：社会主义新农村建设第一村 …………………… 203
高德敏：火车跑得快，全靠车头带 ……………………… 216
附录　战旗村大事记 ……………………………………… 232
参考文献 …………………………………………………… 237
后　记 ……………………………………………………… 238

# 第一篇 变迁

战旗村位于四川省成都市郫都区唐昌镇，地处横山脚下、柏条河畔，郫都区、都江堰市、彭州市三区市交界处，属成都平原腹心。在2020年年初与金星村合并以前，全村面积2.06平方公里，耕地面积1930亩，辖9个村民小组，529户、1704人。合村之后，新战旗村面积5.36平方公里，耕地面积5441.5亩，辖25个村民小组，辖区人口4493人。自1965年正式建村以来，经过50多年的发展，已经从一个名不见经传的川西边缘小村，发展成为闻名全国的"明星村"。先后荣获"全国社会主义精神文明单位""全国文明村""中国美丽休闲乡村""全国科技示范村""中国幸福村""全国乡村振兴示范村""省级四好村"和省市"新农村建设示范村"等称号，被教育部授予全国中小学生教育实践培训基地，入选首批20个全国乡村治理典型案例。2018年2月12日，习近平总书记视察战旗村，充分肯定了战旗村乡村振兴方面取得的显著成绩，并要求战旗村要"走在前列，起好示范"。追溯历史，是为了从过往的变迁轨迹中寻找今日发展的规律和未来发展的道路。本篇将详细介绍战旗村建村至今的变迁历史。

# 建村之初

战旗村在民国时属于崇宁县灵圣乡。1952年，集凤村成立崇宁县第一个生产互助组，在此基础上成立初级农业生产合作社；1954年，集凤村创办了灵圣乡金星农业生产合作社，并于1956年建立高级农业生产合作社，进而成立人民公社；1965年，集凤村从原来的金星大队分离出来，更名为"战旗村"。关于战旗村的来源，有以下两种说法。

第一种说法：郫县[①]的三道堰原来称作战旗公社，意为用战斗旗帜引领全社人民共同前进。第一任村书记蒋大兴说："我在的时候（当村书记）修了两间大队办公室，里面就有几个泥巴墩墩。后来有人和我说，三道堰改叫战旗公社了，我心里头就想：既然他们起个战旗公社，那我们起个战旗大队有啥子不可以呢？刚开始叫战旗大队，后来又改为战旗村，大家就这样叫开了。"

第二种说法：缘于一个驻扎部队的战旗文工团。第二任村书记罗会金说："因为我们这片地旁边河上有一座桥，叫集凤桥，我们村就叫了做

---

① 2016年底，国务院批复同意撤销郫县，设立成都市郫都区；2017年初，郫都区正式挂牌成立。

集凤村。可以说，我们村也是民兵起家，当时这里驻扎有部队。部队里有一个战旗文工团，我们觉得战旗这个名字很好，意义深远，于是，我们就改名叫战旗大队。"

不管"战旗"的说法来源如何，当时的集凤大队在兴修水利、农田改造中成效明显，多次当选先进，成为一面战斗旗帜，所以"战旗村"的名号可谓名副其实。

1965年金星大队开始分家，战旗生产队分得3间猪棚、1个木制文件柜、3把圈椅和700元债务。分家的第一天晚上，战旗大队仅有的茅草房的大梁就被外村人偷走了，村委也没有好的办公地点，可以说是真正意义上的"一穷二白，白手起家"。罗会金回忆道："刚分村的时候我做大队长，那个时候蒋大兴是书记。蒋大兴当了一年多，大概不到两年，就退下来了，我就开始任书记。这个大队原来分开的时候是一样东西都没得，原来金星大队办公室还剩有的其他一些东西都在金星。那个时候战旗大队有9个生产队，生产队也没有啥子东西。我们就提倡搞'勤俭持家'，一切以勤俭来办，没有东西就用土办法来办，包括办公室的凳子都是用泥巴砌成的土砖弄的。那个时候真是一无钱，二无粮，我们纯粹是白手起家，全靠自己。"尽管如此，在村干部的带领下，经过全村人的共同努力，这个有着民兵历史的新村还是很快站稳了根基。"那时候，我们村可以说是'民兵起家'，军队作风对这个村影响较大，村民积极性、做事效率都很高，村民也很团结。在有准备的情况下，全村人一般五到八分钟就能集合起来，没有准备的情况下半个小时就能集合起来。所以建村一两年后，在全村人的共同努力下，我们基本上就有粮食吃了。"蒋大兴如是说。

1966年，"文化大革命"开始。当时在蒋大兴带领下的战旗村仍然坚持以生产为主，号召村民要把粮食生产搞好，提倡"勤俭持家，艰苦奋斗"，带领全队人搞生产、抓农业。蒋大兴回忆说："'文化大革命'

初期，人们就开始闹革命了，有参加'红卫兵'的，也有参加'造反派'的。我就对社员们说，我们分村了，不能靠别人了，要靠我们自己了。不管'文化大革命'搞不搞，我们都要先把生产搞好，搞起来，这才是真正的搞革命。饭都吃不饱，还搞什么革命？尽量少去或者不去搞串联，闹革命。慢慢地村里人就退出'造反派'了，（后来）就没人再去了。"

# 条田改土学大寨

1968年以后，战旗村积极响应国家的号召，开展了声势浩大的"农业学大寨"运动。时任书记的罗会金参观完大寨回来，向全村人传达了大寨精神，号召大家向大寨学习。罗会金介绍："我们那个时候自己就提出来搞'田园规划'，并且提出的口号是'沟端路直树成行，条田机耕新农庄'，也就是把土地全部'条田化'，每两亩地划成一块田。那个时候是'晴天大干、雨天坚持干'，全部靠人工，不管下雨也好、天晴也好，都在整这个土地。大概两三年的时间，我们村土地基本都划成条田了，沟也都是直的了。那个时候战旗大队的九个生产队是统一核算，一起来搞这个。"通过改水改土粮食产量大幅提升。通过"条田化"改造，战旗村将全村的农田由原来高低不平、大小不一的小丘小田改造成了方方正正的标准化农田，沟、渠、路相通，灌排方便。土地耕作水平的提高为后来战旗村粮食增产增收奠定了坚实的基础。之后，战旗村实现大小二春两季耕种，粮食产量大幅提升，每年积极并提前完成上缴国家公粮任务，按月发放村民生活口粮，并逐渐积累了一定的粮食储备。

进入20世纪70年代，战旗村积极开展形式多样的文化工作和民兵工作。在上级部门特别是县武装部门的高度认可和大力扶持下，战旗村的民兵工作搞得如火如荼，战旗村民兵连在省军区、县人武部组织的军事技术比赛中多次获得名次，同时在维护地方平安、参与农田基本建设、道路沟渠整治和抢险救灾中成绩突出，多次受到四川省军区和市县嘉奖表彰，成为闻名全国的先进民兵组织。当时，村委会认为，做任何工作如果能有军队作风的话，好多工作难题都能迎刃而解。因此，党支部狠抓民兵组织建设工作，大力倡导发挥民兵作用，按照部队的特点进行管理，一个队就是一个排，一个村就是一个连。战旗村就这样开始投入到农田改造中，把农田水利建设搞得轰轰烈烈，战旗大队也由此先后被评为"全省农业学大寨先进大队"和"温江地区民兵工作先进大队"。

20世纪70年代早中期，李世炳担任大队党支部书记，他也参观了大寨。从大寨回来以后，他首先在党支部统一了认识，然后发动群众自带粮食，千辛万苦到山区凤凰嘴去开采了一批石料。随后，在省建委、县委和省五七干校的支持下，修起了郫县的第一个农民集中居住区，共17户87人先后入住。

在罗会金和李世炳先后担任村书记的整个20世纪70年代，战旗村粮食产量名列全县村一级榜首，摆脱了过去吃不饱、穿不暖的贫困生活，多次被评为全县优秀生产队，并修起郫县第一个农民集中居住区，这都是战旗村在学习大寨的基础上，村党支部领导全村村民齐心协力、砥砺奋进、艰苦创业的成果。

# 集体经济初步发展

1978年12月，党的十一届三中全会召开，作出实施改革开放的历史性决策，农村经济制度改革也拉开了帷幕，战旗村进入了发展的新时期。包产到户和村企业兴起是这个时期的两个关键词。

### 包产到户——艰难抉择

在土地联产承包制实施之前，我国农村实行人民公社土地制度。土地归集体所有并统一经营，大家同出工同劳动，个人按所得工分多少获得相应的粮食和其他生活资料，实行"平均主义"，吃"大锅饭"。这种制度忽视了农民的个人利益，极大地挫伤了农民的生产积极性，"出工不出力"现象普遍存在，严重制约了农村生产力的发展。

1978年以前，安徽省凤阳县小岗村，是全县有名的"吃粮靠返销、用钱靠救济、生产靠贷款"的"三靠村"，每年秋收后几乎家家外出讨饭。1978年11月24日，小岗村18户农民以敢为天下先的胆识按下了18个手印，搞起生产责任制，由此揭开了中国农村改革的序幕，小岗村因此也成为中国农村改革的发源地，从此，中国农村开始逐步实行家庭联产承包责任制。1980年9月，中共中央发出著名的75号文件，对包产到户的形式予以肯定。"大包干，大包干，直来直去不拐弯，交够国家的、留足集体的、剩下全是自己的"，由于"包产到户"从根本上打破了农业生产经营和分配上的"大锅饭"，使农民有了真正的自主权，因而受到中国各地农民的广泛欢迎。到1981年，家庭联产承包责任制已经在中国农村绝大部分地区推广实行。

当时的战旗村，在几任村书记的带领下，粮食产量大大提高，村企业发展也开始起步，几次被郫县政府和成都市政府评为先进典型村，村民们切实尝到了集体发展的甜头，所以在全国范围内实施家庭联产承包责任制的时候，战旗村人犹豫了。据第五任书记易奉先介绍，1981年全国范围内开始实行包产到户，战旗的村干部入户了解情况，全村只有三户人同意，签了包产到户合同。时任村书记的杨正忠和村主任易奉先到县里汇报情况，表明村民实行包产到户的积极性并不高，是否可以推迟执行，县委考虑到战旗村的实际情况，批准了他们的申请。但是到第二年去县里汇报情况时，县领导强调现在到处都在包产到户，你们不包产也不行了，这是硬性要求。所以，在推迟了一年以后，战旗村还是走上了家庭联产承包的道路。

## 创办村企——敢为人先

在党的十一届三中全会确立的改革开放政策的引导下，朴素的战旗人记住了邓小平同志的名言，"不管黑猫白猫，抓到老鼠就是好猫"，紧跟党中央政策，顺应大势，敢为人先，创办集体企业，发展集体经济，从单一的农业生产转向多种经济成分并存发展，也从中淘到了第一桶金。

战旗村集体企业的发展始于一个占地4亩左右的小土窑。从金星大队分出来之初，战旗村没有办公场所，只能将分到的两间草房作为办公室，条件相当简陋。经过几年的生产积累，时任村支书的罗会金组织村民修建了一个大礼堂，用作日常办公和村民娱乐活动的场所，限于当时的经济条件，战旗村选择自己烧砖，于是便有了村里的第一个小土窑。小土窑最初只能烧土砖，后来在建新村时，上级部门拨给了战旗村3台砖机，这才开始生产机砖。在当时条件下，生产机砖已算是很先进的技术，而且机砖在市场上也很畅销，战旗村在自给自足的同时，将剩余的机砖卖出去，收入归村集体所有。1978年，随着技术的逐渐成熟和生产能力的不断增强，加上改革开放政策的实施，战旗村在县武装部的领导下，利用村上逐年累积的粮食储备金，投资购买了机器，用本村的良田调换了相邻的园艺村的山地，全村村民出工出劳，连续奋战120天，终于把旧土窑改建成了每天可出砖1到2万匹的机砖厂，开办了战旗村第一家村集体企业——"先锋第一机砖厂"。

1980年战旗村创办先锋豆瓣厂。当时郫县豆瓣在全国已小有名气，战旗村考察发现周围没有搞豆瓣生产加工的厂家，于是创办了"先锋豆瓣厂"。接下来，战旗村以一年办一个厂的速度陆续办起了凤冠酒厂、先锋酿造厂、预制构件厂、凤冠酒厂、宁昌商贸公司、树脂厂、会富豆瓣厂、铸造厂（与中国人民解放军第五七一九工厂联办）、鹃城复合肥料厂、面粉厂、农机厂等企业。战旗村的企业在顶峰时期多达12家。1994年，战旗村成为郫县首批股份制试点村，本村经济效益较好的五家企业先后被改制为股份合作制企业，并组建了"成都市集凤实业总公司"，公司成立董事会，负责企业的经营管理工作。战旗村的集体经济发展迎来了第一个黄金发展期。

在发展过程中，虽然有些厂因为生产技术问题和销路问题倒闭，但是凭着大胆尝试，敢为人先的精神，战旗村走在了时代的前列，这也让周围村子的人们羡慕不已。第五任村书记易奉先在介绍当年兴办企业时说："我那时候，想法其实很简单，就是想怎么才能让老百姓好过，怎么才能成为万元户。所以我们就把当时的目标定为一年挣到1000万。因为我们村上有1000多人，如果一年能挣到1000万的话，那每个人的日子不就好过了吗，当时就是想得这么简单。"也许这就是战旗的精神，蕴于平凡之中，却又像一面战斗的旗帜，一路飘扬。

# 村集体企业改制

在经历了三年的黄金发展期后,从1997年开始,战旗村"共同体式的集体企业"由于经营管理不善,经济效益下滑,股份制改制不彻底遗留的问题逐步显露,集体资产大量流失,到1999年,村集体负债已达200万元。战旗村的发展陷入困境。一方面,企业改制不彻底,村集体企业股份制、集体承包制、租赁制和家庭经营并存,"四不像"的产权制度导致企业产权模糊不清,经营管理无规可循。实施股份制的企业并未严格按照股份制方式经营,家长制作风严重,甚至有些企业的经营者混淆企业的所有权和经营权,私自占有集体企业,将集体资产变为个人财产。另一方面,村民普遍缺乏现代产权意识和相关的知识,在集体企业个体长期经营的状况下,也默认了集体企业已经是经营者个人资产,管这些经营者叫"老板"。此外,农民也缺乏实行集体所有权的组织形式和程序,即使主张股东权益,也无合法且有力的组织依托及有效的实现途径。总之,产权模糊不清、逻辑错位导致村集体企业经营困难和集体经济利益及权力分配的非均衡性,战旗村的集体经济走到发展的"十字路口","到了非改制不可的时候"。

为了走出村集体企业产权混乱、集体资产大量流失的困境，2001年战旗村在时任书记李世立的带领下，采取一系列措施对集体企业进行了改制。一是建立村企改制领导小组。战旗村集体经济虽然采用的是股份合作制，但是由于股东分散，造成村民在集体企业管理和经营中话语权逐步丧失；此外，股东大会也长期由某些人掌控，集体企业逐渐成为少数人的私家财产。战旗村深刻分析了村集体企业产权制度存在的痼疾，制定了股份制改革的具体方案。成立了改制领导小组，该小组为股份制改革的顺利进行制定了具体方案。二是成立集体资产管理机构。战旗村建立由村民代表组建的集体资产管理委员会，对集体资产进行统筹管理。同时，集体资产出资人也根据自治章程，通过资产出资人代表会议选举产生成都市集凤实业总公司董事会和监事会。集体资产管理委员会和集凤实业总公司分别从村内组织和经济实体的两方面监督、管理战旗村村集体资产。三是清产核资与合理规划。聘请专业会计师事务所对集体资产进行了全面的摸底调查，对登记在册的集体资产进行分类规划，经营性资产交由集凤实业打理，非经营性资产交由集体资产管理委员会管理。在规划资产的同时，以现实情况和法律为依据，对各农户家庭成员以及享受配股人员资格进行调查认定。四是对集体经济进行股份改造。经由全村村民充分讨论后，战旗村制定了《战旗股份制改造实施办法》，对集体资产实现股份量化，即将属于村集体资产部分的40%~60%留给集体所有，把其他部分按当时的人口数（由村民会议确定）量化给村民个人，并由新股东会选举产生董事会、监事会，按照股份公司的运作机制运作。

尽管如此，村集体企业改制的进程并非一帆风顺，在改革初期便遭到了村企实际控制者的抵制，村民们也普遍对改革持怀疑和悲观态度，改革之路步履维艰。战旗村没有在困难面前低头，村党支部坚信只有走集体经济道路，才能带领全村人民走上致富的道路。尽管如此，李世立和时任村主任的高德敏心里很清楚，战旗村企业产权的痼疾由来已久，要获得村民的支持，实质性地推动改革，首先必须转变长期以来错误的产权观念，让企业经营者和村民明白企业经营者和所有者之间的关系。为此，2002年，战旗村专门邀请了西南财经大学金融、企业管理方面的专家来为村民和企业经营者讲课。经过专家通俗易懂的讲解，村民澄清了对企业所有者与经营者关系的认识误区，明白了企业所有权和经营权、企业所有者和经营者之间的区别。尽管如此，仍然有不少"老板"从情感和利益上难以理解和接受——多年辛苦经营管理的企业从法律上讲并不属于自己，自己突然变成了打工者。在专家讲课后，村两委趁热打铁，对主动交出企业经营权的"老板"给予奖励，或者通过出钱购买股东内部的小股份，使集体成为企业最大股东，逐渐收回"老板"手中的村集体企业。

考虑到企业改制可能遇到的困难，村两委决定先从砖厂进行试点，再根据试点进展情况全面展开，并将详细方案向当地政府汇报并得到了肯定。在具体的实施过程中，砖厂"老板"动员职工拒绝把股份卖给村委会，并试图与村委会竞购股份，使村委会无法成为砖厂的大股东。村委会得知这种情况后，与砖厂"老板"展开了谈判，最终协议承诺在"老板"把砖厂交回村集体，让职工签字卖出股份的前提下，一次性支付30万元，作为"老板"经营管理的奖励费用。李世立回忆说："我算了一下，如果这些企业再有两年三年不改，估计啥得啥都莫得了，所有的流动资产都没得了。如果我们再推迟一年改制，肯定流失的钱连奖励给厂长的都没得了，所以我就趁早该奖励的奖励，该给的就给……"就这样，战旗村第一个试点改革完毕。

在此后陆续进行的村企收归集体的过程也并非一帆风顺，村集体也曾遇到始终不肯合作的企业经营者。对此，李世立与当过会计的高德敏从企业的财务账目入手，通过严密细致的检查，发现企业财务方面的问题，与企业经营者进行斡旋交锋。例如，有一家企业的账上有十多万的亏空，其"老板"假称十多万元的销售款未收。村委会千方百计通过各种渠道找到了购货方，查到已付款的票据，在劝说无效的情况下，决定采取法律手段对这名企业经营者提出诉讼，无奈之下，企业经营者做出了妥协，村集体最终成功收回了这家企业的外账，并顺利完成了对该企业的产权改制。经过三年的产权治理改革，战旗村将所有企业重新收回到了集体的手中，避免了集体资产的进一步流失。在企业产权治理改革完成的第二年，村集体便收回了资金420万元。

在对村企进行改制，收归集体的过程中，战旗村两委情理并重、恩威并用，采取了专家授课、经济激励、法律手段等各种方式，试点推动、由点及面地灵活处理各种难题，展现出战旗村领导干部改革的决心和智慧。但其中的艰辛恐怕只有当事人才能体会得真切，这对于领导这次企业产权治理改革的村支书李世立而言，更是如此。由于坚持推行企业改制，李世立在任期间得罪了不少人，村干部生涯也因此经历了几起几落。

早在2001年，由于个别企业厂长从中作梗，李世立便在当年的村委会换届选举中落选。2003年，因村里工作遭遇困境，李世立临危受命担任了村书记。在熟悉财会的村委会主任高德敏的配合下，他对集体企业进行了全面深入的清产核资，并做出调整经营机制的决定：由村集体回购经营者和职工所占的20%股份，之后再将企业租赁给原经营者。但是这种做法触及了很多人的既得利益，后来遭到承包经营者的强烈反对。于是有人捕风捉影，向上级政府谎报李世立贪污受贿，期间更有人上门撂下狠话："再不收手，把你家的人放倒两个！"面对这些威胁，李世立并没有畏缩，"我是为了保住村里的这点家底，得罪少数人，有利于全村人，值得！"正是凭着这股"犟"劲儿，李世立带领战旗村完成了村企改制这项巨大且步履维艰的工作，解决了矛盾深、阻力大的多年难题，保障了村民的应有权益，维护了村集体的长期利益，为战旗村进一步发展奠定了坚实的基础。2004年，通过盘活集体资产，村集体企业实现销售收入7000万元，实现利税470万元，解决了500余名劳动力的就业，务工收入600余万元。

# 土地集中经营

村集体企业改制卓见成效后,战旗村的领导干部便开始思考未来可持续发展的问题。正如李世立所言:"企业改制之前,战旗村就像一个病人,首先得治病。病好了,下一步就是要考虑怎么强身健体了。"早在2003年,李世立和高德敏便发现村里很多农民都不愿再种地,甚至为了不交公粮而主动提出要把承包地交给村集体,这促使他们开始思考如何整合集中利用土地的问题。带着这样的疑问,两位领导人带领村干部和村民代表去华西村、南街村等明星村考察,从中得出一个结论:凡是经济发展好的村,一般都没有实行分户经营土地,而是实行规模化经营管理。由此,战旗村确立了土地集体所有、农业规模经营的发展道路,开始对农用地进行整合。村两委向所辖的9个社全面宣传了"农业规模经营"的理念,并率先在5社、7社开展试点,以社为单位把土地集中起来实行租赁经营,推行规模经营的"三分地集中"模式,即在自愿的基础上,各家各户先划出三分土地进行集中试验,村委对集中的土地进行规模经营管理,回收的效益先替村民交纳农业税,剩余部分计入村集体账户。

但是，政策推行后，难题也随之出现：有很多村民对此不理解，不愿意把个人的土地划给村集体。当时7社的村民刘怀述是位种田好手，不愿意出租承包地。李世立向他"掏心窝"："你自己种有没有搞头？"老刘回答："有搞头。""那么如果把地集中起来，交给像你这样的种田能手，不是更有搞头吗？"经过一番苦口婆心，终于做通了老刘的思想工作。正是在村干部不断疏通村民思想的努力下，战旗村实现了局部规模经营，试点社的农民收益也明显提高。

有了试点的成功，在全村逐步推行的步伐就顺利得多。2006年8月，为了积极探索农村集体承包土地流转机制，促进土地资源的优化配置，提高土地使用价值和经济效益，保护农民长远利益，增加农民经济收入，战旗村制定了《唐昌镇战旗村农业股份合作社章程》，遵循"依法、有偿、自愿"原则，战旗村两委引导村民将土地承包经营权按每亩土地720元折价入股。农户以土地承包经营权为股份，与社集体签订土地承包经营权有偿流转委托书，由社长代表本社农户与村集体签订委托书。全村入股的农户土地股本共1760亩，同时村委会注入资金50万元，共同组建了战旗村农业股份合作社。合作社总股数为1145股，其中村集体695股，农户450股，下设理事会和监事会，各由5名成员组成。

为了提高村民的承包地流转的积极性，战旗村农业股份合作社采取"农户入股保底，收入二次分成"的分配方式。这种模式一经推出，深受村民的欢迎，一方面，合作社可以将土地集中经营，发展村农业产业化；另一方面，入股村民可以获得稳定的土地流转租金，每年每亩可获保底收入，并且随行就市，每年进行调整；在坚持"多积累，少分红"的前提下，把高出保底租金的土地增值部分的50%，用于持股农户再分红，实现农户第二次分利，余下的50%用于扩大合作社生产经营。此外，村民可进入农业产业园区成为农业工人，获得稳定的务工收入。

村民收入由以前的以种田收入为主，逐步向以务工收入或从事其他经营项目收入为主转变，实现村民收入构成的多元化，战旗村集体经济发展也有了新的组织依托，"村—企—社"的农业产业化发展模式有了雏形。

战旗村农业股份合作社成立以后，负责全村土地（包括宅基地、建设用地、农耕地、园林地等）的集中经营，占全村80%以上的1800余亩耕地实现了流转，平均亩产值比流转前提高了近5倍。2008年，已有300余户加入农业股份合作社。为深入实现土地经营规模化，战旗村采取引导农民以土地承包经营权入股、村集体注入资金的方式，于2009年底组建战旗蔬菜专业合作社，合作社以蔬菜的种植、销售、农业新技术推广、咨询服务为主要业务。截至2010年，专业合作社共有农户495户，社员1551人，集中土地1820余亩。其中，合作社直接经营土地320亩，流转给种植大户土地1420亩，租金收入187万元。合作社投入固定资产149.8万元，实现营业收入147.18万元，每亩月平均收入4597元。

不仅如此，战旗村还依托土地资源进行招商引资，吸引成都中延榕珍菌业和"第五季·妈妈农庄"两大龙头企业落户，以"村—企—社"农业产业化发展模式，积极拓展第一产业和第三产业，形成"一三联动"的产业格局，这不仅壮大了村集体经济实力，也大幅度增加了农户的年收入，2011年战旗村人均收入达到了13200元。此外，随着村集体经济的增长，全村公共服务与公共事业得到了较快发展，使得村集体在农村事务管理中具有更高的凝聚力和向心力。

# 新农村建设

在战旗村试点推行土地集中、集体经营的同时，成都市也开始推动工业向发展园区集中、土地向规模经营集中、农民向城镇集中的"三集中"发展战略。战旗村村委认真研究了成都市委市政府的相关政策，认为这是战旗村发展的有利机遇。当时的村企产权治理改革还没有结束，李世立和高德敏就开始与村干部商议，广泛动员并征求村民意见，达成了统一的认识：仅仅是土地集中并不能解决战旗村的发展问题，还应该搞集中居住，二者相辅相成，只有农民实现了集中居住，才能腾退集中更多的土地资源，开展规模化经营，进而有利于实现全村一盘棋的发展规划。经过二十多年的村企发展，战旗村有很大一部分村民在企业中就业，对土地依赖性不强，种田积极性不高，而且村民经过村企产权治理改革这事件后，观念更为开放，对村集体事务更加关心，同时也对李世立和高德敏领导的村集体倍加信任，因此具备了实现村民集中居住、土地进一步集中的物质基础、组织基础和民心基础。"万事俱备，只欠东风"，战旗村距迈入新的发展时期仅差一枚吸引注意力的"雷管"（高德敏语）。

2005年10月8日,中国共产党十六届五中全会通过《中共中央关于制定国民经济和社会发展第十一个五年规划的建议》,提出要按照"生产发展、生活宽裕、乡风文明、村容整洁、管理民主"的要求,扎实推进社会主义新农村建设。"新农村建设具体如何搞,我们也不清楚,但是有一点是清楚的,那就是要把这二十字方针吃透",高德敏回忆道,"生产发展不是一天两天就搞起来的,生活富裕和生产发展密切相关,经济搞起来了,老百姓的生活才能富裕。这两个目标都不容易实现,但乡风文明、村容整洁、管理民主容易入手啊,于是我们从这几方面开始搞。"在这一思路的指引下,战旗村对村委办公楼附近居住相对集中的农房进行了统一的外观打造,集中处理垃圾,安排专人定期打扫公共区域卫生,创建村规民约,完善民主管理规章制度,并在公共场所上墙宣传。此外,还抓住一切机会进行对外宣传推广。

2006年,郫县政府为了响应党中央社会主义新农村建设的重大战略,由宣传部发起了"高校+支部+农户"大学生进农家的活动,李世立和高德敏敏锐地意识到这是一次吸引各界注意力,宣传推广战旗村,进而获得外界支持的绝佳机会。李世立认为,"这次活动的开展对建设社会主义新农村将起到巨大的推动作用,将在全村范围内产生巨大影响,尤其是思想文化方面"。高德敏后来也回忆道:"当时领导问我,你们想不想搞'高校+支部+农户'的大学生进农家助推新农村发展的活动?有300多人。我说可以,300多人对战旗村宣传作用很大。"

"五一"长假期间,西华大学、四川师范大学成都影视学院、四川农业大学水产学院、四川科技职业学院的共365名大学生,来到战旗村180户村民家,与村民同吃同住同劳动,深入交流,一起开展村民夜校、文艺表演、坝坝舞会等活动,极大地丰富了村民的文化生活。这次"高校+支部+农户"大学生进农家活动后来获得2006年度"中国十大政府创新典型奖",但对战旗村而言,它的意义远非如此。作为响应党中央社会主义新农村建设战略，而由地方政府主办的一项活动，地方政府自然会通过各种舆论渠道进行宣传报道，并且会作为其重要的政绩呈报上级政府。于是，作为成功承办此次活动的战旗村，开始大量见诸各种媒介和政府正式、非正式的信息传递渠道，从而引起社会各界，尤其是各级政府领导及相关部门的关注。

大学生离村后，原先热闹的乡村又恢复了往日的平静，丰富多样的文化活动逐渐减少，这引发了战旗村对农村文化的思考：农村需要属于自己的文化活动。为了解决这个问题，在郫县县委、县政府、县委宣传部等部门的支持与帮助下，战旗村筹资80余万元对原"迎龙山庄"进行了整体改造，建成了西部最大的村级文化场所——战旗村文化大院，而这又成为继"大学生进农家"活动之后战旗村吸引外界关注的另一"爆点"。

2007年春节前，成都市委领导来到战旗村视察工作，对战旗村文化大院给予了肯定和表扬，村书记李世立抓住机会汇报了战旗村搞集中居住的想法和思路，以及在此基础上详细的村庄整体规划，包括打算如何利用现有村内企业和引进外部企业解决"村民上楼"后的就业问题和收入问题。市委领导对此高度重视，随即要求"特事特办"，边审批、边规划、边做材料。春节之后，市委市政府召开农村工作会议，战旗村被列为"农村新型社区建设项目"试点，当年开始进行"拆院并院"。

在得到了市委领导的大力支持后，战旗村委托成都市规划设计研究院编制了战旗村发展的全面规划，为全村发展确定了蓝图，并借助2007年农村新型社区建设示范点和城乡建设用地增减挂钩试点机遇，通过村民民主决议，并最终获得四川省国土资源厅批准立项后，综合整治置换出440.8亩土地，并将其中的315亩集体建设用地指标挂钩到郫筒镇城区使用的预期收益，向成都市小城投公司融资9800万元，修建新型农民集中居住社区，并在此基础上统筹实施新农村综合体建设。

战旗村建新型社区时，村干部挨家挨户做动员工作，有部分村民仍然疑虑重重。于是，高德敏找来几张介绍当时华西村发展的光碟，每个组轮流播放，指着画面告诉村民，这就是新农村的样子。村民看得很是羡慕，高德敏拍着胸脯说："我们也要搞个让别人羡慕的新农村！"

在新型社区规划建设过程中，战旗村本着充分尊重群众意见，发挥群众主体作用的原则，按照成都市小区建设的标准，按"20年不落后"的目标规划战旗社区。首先，将其档次定义为"中等偏上、上等偏下"，既要让村民住得起，也要让村民不落形势。其次，所有的别墅全部配置车库。这一提议最初受到了部分村民的反对，他们认为没有汽车，车库就没有用。李世立认为：有车的肯定要有车库，没有车的则可以用作仓库，放置杂物。最终大家都接受了这一建议。最后，每套别墅设置不少于3间的卫生间，所有的主卧都配独立卫生间，这改变了村民长久以来卫生间不入屋的传统，为改善集中居住的卫生环境做好了准备。

针对如何分配房子，村委提出了三种方案：一是由生产队一起分，这样原来的生产队分房后依然住在一起。二是由几家几户一起分，相互来往密切、关系好的住在一起。三是所有人一起分，即抓阄决定。经过全村的商讨，最终大家决定选择第三种方案分配新房。在分房子的过程中，战旗村村委邀请了公证处的工作人员来公证，确保整个选房的过程公正、公开、透明。最终，战旗村采取"统规统建"和"统规自建"两种方式，建成了9.1万平方米的新型社区，包括低层别墅式楼房401套，建筑面积7.45万平方米；公寓式多层楼房171套，建筑面积1.45万平方米，还有幼教、商业、供水、污水处理、服务中心等功能配套房0.24万平方米。除了在社区外道路两边，未纳入土地整理范围的农户外，新型社区共计入住469户、1655人，集中入住率达到了96%。新型社区规划合理、居住环境宜人、村容整洁、道路平整、管线规范，社区道路、水电气信及环保等基础设施配套齐全，同步建设了文化、体育、卫生等公共服务设施，入住农民生产生活方便舒适，与城镇居民生活水平基本接近。从此，战旗村村民过上了"出门见花草、在家能上网、喝水靠自来、煮饭用燃气"的城市生活。

土地综合整治和新型农民集中居住社区建设，不仅改善了居民的居住条件，完善了社区公共基础设施，为居民提供了更优质的公共服务，更重要的是分散居住的宅基地退出后，原来被分割为碎片的土地连成了片，为战旗村实现土地综合整理、流转，进一步"土地换资本"、发展现代农业创造了基础条件。战旗村土地综合整治节约出来的土地除了208亩用于建设集中居住社区外，剩余的200余亩土地通过多种方式吸引了成都中延榕珍菌业有限公司、第五季·妈妈农庄等大型产业项目落户战旗村，开启了"一三联动、以旅助农"的发展新模式，乡村旅游业崭露头角，战旗村的发展迈上了一个更高的台阶。此外，借着新型社区修建的契机，在县委、县政府及唐昌镇的支持和指导下，战旗村开展了新农村建设总体规划和产业规划制定，道路、沟渠等基础设施修建与整理，以及村容村貌整治、文化大院综合整治和环境卫生综合治理等多项工程，完成了新农村建设的阶段性任务。

之后，战旗村进一步开展了战旗村公共服务和社会管理改革试点工作。在广泛宣传动员的基础上，结合问卷调查反馈回来的群众意见和战旗村的发展需要，草拟了几个实施方案，把方案提请村民代表会议审议，经过激烈的讨论和几次来回地修改完善，最终形成了《战旗村公共服务和社会管理改革试点工作实施方案》，并及时进行了公示。试点工作包括三个方面：一是进一步拓展战旗村文化大院的功能，将文化活动室、广播室、图书电子阅览室、培训室和农业技术信息服务站整合到文化大院中，把文化大院建成为一个群众文化体育活动、学习培训和农技服务的中心。二是充分利用战旗新型社区公共服务配套房，在原有警务室、民调室的基础上，新设立便民服务站、劳动保障工作站、卫生服务站、邮政服务站和便民超市。三是成立了新型社区管理委员会办公室，专门协调各站（室）的工作，及时处理村民遇到的问题。这样不仅能满足村民的需求，还能使他们享受到更方便、更快捷、范围更广的服务。到2011年，战旗村已经建成了完善的公共服务平台。

# 集体经济股份量化改革

土地整理集中、规模化经营，农业股份合作社的成立，以及新型农民集中居住社区的建立，促使战旗村的集体经济逐步壮大，农民生活条件得到极大改善，但集体收入的分配以及集体经济的可持续发展成了战旗村领导干部新的议题。曾经领导村企产权治理改革、土地整理集中和创建农业股份合作社的高德敏早已深刻地认识到，产权不清、责权不明、监管缺失的顽瘴痼疾让战旗村吃尽了苦头，耽误了宝贵的发展机遇；只有算好了集体经济这本大账，有效推进集体经济改革才有基础，厘清产权、明晰责权，集体经济才能既走得快，又走得稳，才能让村民共享集体经济发展的成果，才能同心同德谋发展。

2007年6月，成都市被批准成为国家级"城乡统筹综合配套改革试验区"后，便开始探索通过农村土地和房屋产权制度改革撬动农村土地资产。2008年年初成都市委、市政府出台了《关于加强耕地保护进一步改革完善农村土地和房屋产权制度的意见（试行）》，正式启动了农村产权制度改革试点，明确提出要把改革的重点锁定在开展农村集体土地和房屋确权登记工作、推动土地承包经营流转和农村建设用地使用权流转及农村房屋产权使用权流转上。

2009年下半年开始，战旗村开始进行农村产权改革房屋确权工作。经过登记、确权公示、颁证等程序，共为全村509户农户所拥有的398套统规自建房屋和154套统规统建房屋进行登记、确权和颁证。耕地承包经营权确权，因社区建设占用二、四、八社土地及在土地规模经营中破坏原有田间界线的原因，暂缓对农户的耕地进行登记、确权。

2010年，原任村委主任的高德敏成为战旗村第八任党支部书记，并于2011年继续推动集体经济股份制量化改革，下定决心把过去存在的"糊涂账"算清楚。在高德敏看来，集体经济股份制量化改革要解决两个关键问题：一是集体的概念是什么？村集体组织成员包括哪些人？只有确定了成员的身份，才有资格承包农用地，获得宅基地和享受集体经营性建设用地的收益分配。二是村集体资产有哪些？由于历史的原因，战旗村和全国很多农村一样，土地丈量标准不统一，操作不规范，因而必须对所有土地重新进行统一的精确测量才能摸清家底。为了解决这两个关键问题，经产权改革工作小组和村民议事会多次讨论通过了《战旗村集体经济组织成员身份界定办法》《土地承包经营权实测确权方案》《战旗村集体土地及房屋确权方案》，以2011年4月20日为准，认定了1704人为集体经济组织成员；对土地进行权属调整，完成土地确权颁证；开展资源、资产、资金"三资"摸排清理……

最终，战旗村将农村未确权到户的各类集体经营性、非经营性资产和资源性资产等全部清理核实到位、股份量化到位、股权证颁发到位，完成了9个村民小组《集体土地所有权证》确权颁证，为527户农户颁发了《农村土地承包经营权证》《集体土地使用证》《房屋所有权证》和《农村集体资产股权证》。在此基础上，战旗村按照"入户宣传动员、商议决议内容、商讨意见公示、表决签署决议、确定决议生效、送达生效决议"的程序，在自愿、民主、公平的前提下，获得2/3以上集体经济组织成员签字并按手印同意，形成了土地承包经营权、宅基地使用权长久不变的决议。上述基础性工作完成后，战旗村实现了成员身份清晰、土地权属明确的预期效果，为下一步开展农村集体经营性建设用地入市，以及创新土地经营模式创造了先决条件。

# 集体经营性建设用地入市

2013年11月,党中央以土地改革作为农村经济体制改革的突破点,在十八届三中全会上明确提出允许农村经营性建设用地入市,在符合规划和用途管制的前提下,允许农村集体经营性建设用地出让、租赁、入股,实行与国有土地同等入市、同价同权。2015年1月,中共中央办公厅和国务院办公厅联合印发《关于农村土地征收、集体经营性建设用地入市、宅基地制度改革试点工作的意见》,在全国33个县(市、区)行政区域进行试点。

成都市郫县被选为全国第一批集体经营性建设用地入市改革试点县。战旗村被选为郫县新一轮土地制度改革的六个试点村之一,被寄予了第一个"吃螃蟹"的厚望。战旗村能够获得此次宝贵的发展机遇,绝非偶然。一方面,经过十多年的发展,战旗村的领导干部具备了较高的声望和威信,基层党组织动员能力较强,群众工作经验丰富,村民议事和民主管理制度完善,集体经济有一定基础,加之前期成功实施土地集中流转、集体产权制度改革、土地综合整治和新型社区建设,积累了丰富的土地工作经验。另一方面,这也是战旗村人敢为人先的探索精神和准确扣准改革大势脉搏的结果。经过20世纪90年代中后期村企的衰落，复合肥厂等几家企业停办后，近100亩的集体建设用地随之闲置了下来，有一些地块虽然多次转手，出租给一些企业，但总体而言租金非常低，甚至有些地块一闲置就近20年时间，村委会每年还要花两三万元请人看护，这成了高德敏的心结。但苦于在原有的土地制度下，集体经营性建设用地不能入市，无法获得金融支持，从而难以吸引有实力的外来企业投资。"说它是沉睡的资产，不完全准确，但说它是半睡，一点也没有错。"高德敏如是说。郫县被确定为改革试点县后，高德敏马上就跑到县国土局，想要主动争取试点。"听到这个消息非常高兴，感觉机会来了。"高德敏回忆道。

但是，这次改革不但没有现成的经验可借鉴，还有大量的问题摆在面前亟待解决。高德敏至今还记得去国土局争取试点的情景，当时工作人员一句话就把他打懵了："你说要入市，你有多少家底？"什么是集体经营性建设用地？村里有多少"家底"？对于这个问题，当时不只高德敏回答不上来，连郫县国土局也搞不清楚。实际上，实现集体经营性建设用地入市要解决的问题远不止这两个。比如，入市主体的资格如何认定？收益如何分配？怎么样的操作才具有合法性？如何取得村民的支持？等等。具体到战旗村，不同年代占用的土地，哪一块具备上市资格，哪一块不具备，都需要一一核实，而且这些土地分散在村子各地，受让方普遍更喜欢大块土地，化整为零的过程中，利益如何分配？要解决这些问题难度很大，且没有经验可循。

"试点是改革的重要任务，更是改革的重要方法。"2015年6月，习近平总书记在中央全面深化改革领导小组第十三次会议上强调指出，试点能否迈开步子、蹚出路子，直接关系改革成效。随着改革的推进，宏观政策的逐步细化、明晰，在郫县国土局的指导和帮助下，战旗村围绕"哪些土地可以入市？谁是入市的主体？入市后的收益怎么分配？"

三个核心问题进行了开创性的探索。

一是清产核资，摸清家底，确定入市范围。首先，由专业技术人员、基层村委和村民代表组成清产核资工作小组，在2011年已经完成的农村集体产权确权登记颁证基础上，对战旗村集体所有的资源性资产、经营性资产和公益性资产等各类资产进行全面清理核实公布。其次，按照农村集体经营性建设用地的概念，界定筛选出符合入市条件的建设用地共206亩，并经过筛选排除不适宜"入市"的土地，包括合资合作企业合约未到期的、改制企业的、地块涉及权属纠纷或法律诉讼的、近两年即将征地或已启动征地工作等情形的土地，最终整理出可入市集体经营性建设用地60亩。再次，经过对土地进行符合入市要求、集体所有、已确权颁证信息登记、符合村上统一规划、经集体经营组织同意等条件筛选，战旗村首先选定了村民活动广场附近一块面积为13.447亩的土地进行盘活，作为第一宗入市样本。此地块属于原村集体所办复合肥厂、预制构件厂和村委会老办公楼用地，每年以低廉租金出租给部分业主使用，使用效率低下。

二是确股确权，构建入市主体。以2011年4月20日为准，按照"生不增死不减"的原则，战旗村共锁定确权人口1704人为集体经济组织成员，并将村集体资产均分持股。2015年8月12日，经全面动员宣传，战旗村召开村民代表大会，同意成立战旗村资产管理经营的经济组织，并由34个集体经济组织成员和1个授权委托成员（代表剩余成员）共同出资注册了"郫县唐昌镇战旗资产管理有限公司"。公司注册资本1704万元，其中村主任作为授权代表，出资1670万元，其余34人每人1万元。村民代表会议决议由村两委成员和村民小组长分别入户到全村529户村民家中征求意见，并经全村三分之二户代表签字同意后生效。然后，根据战旗村村民自治章程，按照公司法的相关规定制定了村资产管理公司章程，参照现代企业基本结构，村议事会成员作为公司发起人，村两委会为公司董事会成员，村主任为董事长，党总支书记任总经理，村务监督委员会成员任公司监事会成员，村集体将资产注入该公司，并授权公司进行管理和经营。章程中还明确了集体资产管理和资产营运制度，设计了严格的财务管理制度与职责权限等办法确保公司规范运营，例如，公司总经理的投资权限不能超过50万，超过了须经董事会或者股东大会决定；监事会要代表全体股东履行监督职责，年终向股东大会报告监督情况。

　　三是制定土地增值收益分配的"二八原则"。为了尽力满足"土地增值收益分配应以兼顾国家、集体、个人为原则，合理提高农民个人收益"要求，战旗村按照用地区域位置、区位条件、使用方向等制定调节金缴纳比例，第一块集体经营性建设用地入市出让征收调节金由受让方以总价的15%作为价外款进行缴纳。获得出让收益款后，扣除土地整治成本和入市成本之后按照"二八原则"比例进行分配，其中20%现金分配给1704名集体经济组织成员，余下的80%作为集体公积金和公益金，其中50%作为集体资产管理公司唐昌镇战旗资产管理有限公司的公积金，用作村级资产再投资和公共资源配套优化，年终进行股利分红；另外30%作为公益金，用于村级公共福利，统缴社保、公共基础设施维护等。公司的经营以及资产使用分配状况均应按照《农村集体经营性建设用地土地增值收益调节金征收使用管理暂行办法》的规定纳入农村资本资产监管平台公开，接受集体内部审计监督和政府监管。

　　在解决"哪些土地可以入市？谁是入市的主体？入市后的收益怎么分配？"三个前置性、基础性问题之后，战旗村由5名资产管理公司监事会成员（村务监督委员会成员）到郫都区以抽签的方式选出评估公司，并由评估公司对地价进行评估；之后，按照土地利用总体规划、城乡规划和村庄规划等编制出让方案，并经2/3以上股东签字同意后进行公示，再由郫都区国土资源局牵头对进行底价审核方案设计批准。然后，资产管理公司通过郫都区公共资源交易服务中心，将拟入市宗地按入市方案进行公告、挂牌并通过现场公开竞价等形式交易。最终，在经过意向性买家实地考察之后，2015年9月7日，战旗村资产管理公司将一宗13.447亩集体经营性建设用地40年使用权以52.5万/亩，总价705.9675万的价格成功出让给四川迈高旅游资源开发有限公司，并按照15%的标准同时缴纳土地增值收益调节金共105.89万元。整个过程依靠市场供求关系自主定价，从而规范价格形成机制，促进了土地市场交易体系完善，推进土地要素价值实现。这是四川省第一宗，全国第二宗集体经营性建设用地入市的成功案例，也是使用挂牌出让模式实现入市的一次成功尝试，如图1所示。

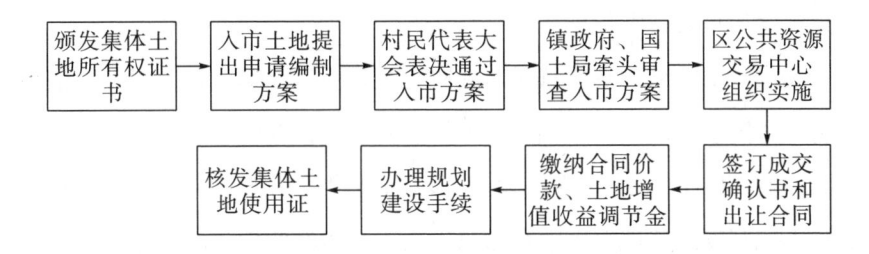

**图1 战旗村第一宗集体经营性建设用地入市流程图**

集体经营性建设用地入市后，战旗村及政府部门采取了各项措施保障各方利益主体。第一，解决入市合同期满土地使用权续期的问题。战旗村农村集体经营性建设用地入市合同的期限为40年，对于期满后土地使用权续期的问题，战旗村主要依据"两个优先"：一是对于到期后土地上仍有建筑物且不影响正常使用的用地，原受让方优先续期。二是对于土地上无建筑物或有但是不能正常使用的建筑物的用地，在重新"招拍挂"过程中，同等条件下原受让方优先。而对于续期后土地增值部分怎样分配的问题，战旗村的解决办法是"五五开"，即对于到期后土地上仍有建筑物且不影响正常使用的用地，原受让方优先续期的前提是，按照市场现价合同双方同比享受或者承担50%的土地增值或者贬值。

第二，制定规则严格执行合同监管。入市后期，政府部门及村上出台相关指导意见，确保交易各方按照出让合同以及监管协议要求，依法依规节约集约利用土地。对此，在政策法规上，除了遵循中央发布的相关文件以外，成都市还颁布了包括《成都市深化集体建设用地开发利用机制创新实施方案》《成都市统筹城乡2025规划》《郫县农村集体经营性建设用地入市收益分配指导意见》在内的23项文件。为实现抵押融资同权，郫县政府再据此出台实施细则并建立市县两级风险基金，对此类贷款实施专项奖励和信贷激励。可以说，在战旗村的实践探索，为郫县乃至成都市制定完善集体经营性建设用地入市的相关政策法规提供了可以支撑的重要参考依据。

此次入市尝试的重要意义对战旗村也是不言而喻的，不仅使村集体经济一举突破2000万元，而且独具川西民居风格的"第五季·香境"旅游商业街区于2018年在这块集体经营性建设用地上全面建成，这是农村土地制度改革试点以来全国第一个以集体经营性建设用地入市为依托的商业综合体项目，实质性地推动了战旗村乡村旅游业的提档升级。通过农村产权制度改革和土地入市，战旗村集体资产达到4600万元，集体经济收入462万元，村民人均可支配收入达26053余元，人均年收入增加800元左右，极大提升了农民获得感。

# 乡村振兴

习近平总书记在党的十九大报告中明确提出："要坚持农业农村优先发展，按照产业兴旺、生态宜居、乡风文明、治理有效、生活富裕的总要求，建立健全城乡融合发展体制机制和政策体系，加快推进农业农村现代化"，即实施乡村振兴战略。2018年2月12日，习近平总书记来到战旗村视察，听取了战旗村乡村振兴工作汇报，走进"精彩战旗"特色产业在线服务大厅，向全国人民送福，表达新春祝福，并发表重要讲话，要求战旗村在乡村振兴战略实施过程中"走在前列，起好示范"。此后，战旗村对照总书记讲话指示精神，以党建为引领，按照"产业兴旺、生态宜居、乡风文明、治理有效、生活富裕"的总要求，全面落实乡村振兴战略。

乡村振兴，产业先行。战旗村在唐昌国家农业大公园建设的总体规划指导下，重点发展"三大产业"，从传统农业逐步向现代农业、休闲旅游、教研培训产业转型升级。一是大力发展现代农业。重点打造战旗蔬菜种植合作社等品牌农业和共享农场等创意农业，引入渔牧蔬田和牧草种植项目，做强做优榕珍菌业、满江红、战旗、天府水源地等绿色产品品牌。目前，战旗村已建成绿色有机蔬菜种植基地1800余亩，集聚企业16家，吸纳就业1300多人。二是大力发展乡村旅游，坚持农旅融合发展。2019年3月，战旗村成功创建国家AAAA级景区，顺利建成天府农耕文化博物馆、党建馆、乡村振兴博览馆、战旗村史馆、郫县豆瓣博物馆、乡村十八坊、壹里老街、第五季·香境、吕家院子美食林盘。2020年，战旗村景区共接待游客79.4万人次，实现全口径旅游营业额5786.5万元。截至2020年年底，村集体资产共计7010万元，实现集体收入621万元，村民人均收入提高到3.24万元。三是大力发展教育产业。发挥"四川战旗乡村振兴培训学院"平台作用，深入开展"三农"干部培训，发挥战旗村"全国中小学生研学实践教育基地"和"四川省中小学生研学实践教育基地"品牌作用，大力发展以农业实践和农耕文化传承为主题的青少年研学产业。

基层党建带动乡村治理体系建设。建立村书记领导、村民议事会决策、村委会执行、村监委会监督、集体经济组织独立经营的"一核五权"治理体制，探索民生服务、民意收集、纠纷调处等"八位一体"工作法，规范议决公示、社会评价等六个民主议事程序，以"民事民议、民事民管、民事民办"制度规范村民自治。以乡村道德评议、"善行义举"榜单推进以德治理，探索建立以基层党组织为核心，法治德治自治相结合的乡村治理体系。

创新社会治理模式。一是实施社治网格化管理。将全村划分为9个村民小组网格、1个企业商家网格。通过推行绘制一张网格图、收集一份建议表、建好一本问题台账、公布一张整改清单的"四个一"工作，建立起以党员及院落管理服务队成员排查辖区问题、收集居民建议，街道领导召集联席会，研究问题解决办法，街道、村、院落分级办理的"院落+村+街道"三级治理模式。二是发动社会组织参与，引领多元共建共治。依托乡村振兴学院、微党校等平台，积极孵化社会组织，充分整合在村单位、企业、社会组织等多元主体在信息、阵地、文化、服务等方面的优势，共绘一张图，同下一盘棋，真正变"独唱"为"合唱"，推动工作更为顺畅，服务群众更为有效。

坚持涵养乡风文明新风。建好战旗文化礼堂、新时代农民讲习所，持续开展"家风家教家训""大健康"等培训活动。实施乡村民风廊、文化廊、文化院坝打造工程。引入"同行社工"等社会组织，推广"村＋社会组织＋社工志愿者"模式，开展国学诵读、文艺表演、百姓讲堂等活动，培育形成友善淳朴、守望相助、尊老爱幼的战旗新风尚。推动德治与"共治共建共享"相融互动，制定《战旗·村规民约十条》。健全乡村道德评议机制，实施乡风文明"十破十树"行动，借助家风培养、乡贤回归等措施，培育诚信重礼、尚法守制的良好风尚。

## 新战旗，新起点

2020年，在全省村级建制优化调整的整体部署下，战旗村实现了面积上的扩容，与邻近的原金星村合并成了新的战旗村，面积从过去的2.06平方公里扩大到5.36平方公里，耕地面积5441.5亩，辖25个村民小组，辖区人口从过去的1704人增加到了4493人。设党委1个，下设党支部6个，党员168人（其中预备党员3人）。合村之后，战旗村可利用集体资源增加了，集体经济的发展空间进一步扩大，迎来了新的历史机遇，同时也面临新的挑战。一是新战旗村村民分别居住在一个社区和100多个大大小小院落，形成了老战旗村集中居住区和老金星村散居院落并存的居住格局，两种居住形态在道路等多种公共服务配套设施方面存在很大差异。二是老战旗村的党建工作、产业发展、集体经济、土地经营、乡村治理等成熟有效的模式如何拓展至老金星村。三是合村之后，村民人均纯收入有所降低，如何提升老金星村村民的收入，实现集体经济的共享。四是如何尽快推进村民融合，进而增强村民的认同感和归属感，共谋新战旗的新发展。事实上，战旗村领导对这些挑战已有了清醒的认识。"合并后，战旗村要继续发扬自己敢闯敢干的精神，带领更多村民过上幸福生活。""像经营家庭一样经营村庄，村庄发展不能落下任何一个人，我们要让战旗村的新村民，也像老村民那样改变生产生活面貌。"村委书记高德敏说。

面对战旗村的新貌，村党委已经有了新的思考和谋划。高德敏说："我们农村有句口头禅：'穿不穷，吃不穷，没得计划肯定穷'，所以我们现在在摸'家底'、定'规划'。"目前，战旗村已经制定了未来5年工作计划，涵盖党建引领、产业发展规划、老金星片区居住环境改善、人才聚集、村民增收、村庄治理等7个方面。2021年作为"十四五"的开局之年，战旗村已经锁定三项重点任务。

一是做好新战旗的村庄发展规划。集中全体村民智慧，做好新战旗未来5年村庄基础形态规划、产业发展规划、生态环境规划、文化规划和治理规划。以农商文旅体的发展方向为指引，努力在一二三产业融合发展方面下功夫，抢抓国家城乡融合发展试验区的机遇，盘活村庄资源，做好发展。加快推进渔牧蔬田建设，2021年启动乡村电影院、半边街田园综合体、菁茜酒店和天府酒店、战旗红街、王子农场、地标展览和精品民宿等项目。总之，"新战旗村的规划包括乡村形态规划、产业规划、绿色可持续发展等规划，最重要的是，紧紧抓住集体经济这个核心，通过发展集体经济带动全村村民走上共同富裕的道路。"高德敏如是说。

二是加速推进老金星片区居住环境的改善。战旗村将结合AAAA级旅游景区发展现状与近期规划，按照打造"天府之国乡村记忆"的标准，对以原金星村吴家院子为中心的周边院落进行林盘改造与品质提升，充分展现川西林盘的深厚文化底蕴与天府水源地的独特魅力。改善提升老金星片区居住环境，启动区域内道路、路灯、绿化等工程的建设，让原金星村片区村民居住条件、生活品质、幸福指数都得到提高。

三是创新乡村振兴的体制机制。战旗村计划修订新战旗集体经济组织成员认定办法、战旗村村民自治章程，制定战旗村宅基地统筹管理使用办法、新村规划拆迁安置办法，完善集体经济确权、村民自治、宅基地管理相关制度，优化村庄治理体系，提升村庄治理能力。同时以农业供给侧结构性改革为主线，全面深化农村体制机制改革。

# 第二篇 振兴

习近平总书记在党的十九大报告中明确提出的"要坚持农业农村优先发展，按照产业兴旺、生态宜居、乡风文明、治理有效、生活富裕的总要求，建立健全城乡融合发展体制机制和政策体系，加快推进农业农村现代化"，即实施乡村振兴战略。"乡村振兴"战略是党中央在深刻认识我国城乡关系变化趋势和城乡发展规律的基础上提出的重大战略，是促进农村繁荣、农业发展、农民增收的治本之策。2018年2月12日，习近平总书记来到战旗村视察，听取了战旗村乡村振兴工作汇报，称赞战旗村"战旗飘飘，名副其实"，并要求战旗村在乡村振兴战略实施过程中"走在前列，起好示范"。此后，战旗村对照总书记指示精神，以党建为引领，按照"产业兴旺、生态宜居、乡风文明、治理有效、生活富裕"的总要求，全面落实乡村振兴战略。本篇以"乡村振兴"战略为指导，以战旗村发展的史料为基础，全面详细地展现了战旗村在产业兴旺、生态宜居、乡风文明、治理有效、生活富裕等五个方面取得的成就。

# 产业兴旺

产业兴旺是乡村振兴战略的重点，是实现农村生活富裕、治理有效、乡风文明的基础条件。发展农业新产业，培育农业新业态，实现乡村产业振兴，不仅是农业供给侧结构性改革的重要任务与突破口，更是加快乡村振兴战略实施的重要维度。战旗村坚持"基在农业、惠在农村、利在农民"理念，围绕土地这一核心要素，释放土地权能，夯实产业基础，推动资源跨界配置、要素跨界流动和产业跨界融合，多业态打造、多主体参与、多模式推进，积极延伸农业产业链、农产品价值链，并以"农业＋"为基本发展策略，推动农商文旅等产业的深度融合，探索出了一条"产村相融、产业互动、城乡互促、农民致富"的发展道路。

## 激活土地权能，夯实产业基础

土地资源是农村发展的重要资源要素。如何盘活农村土地资源？如何利用土地资源激活其他要素？如何整合各要素推动产业发展？战旗人抓住了解决问题的"牛鼻子"。战旗人始终坚信"土地是农村做大的资源,利用好土地,战旗村想不发展都不可能"。战旗村围绕"经营搞活土地"这一关键环节做文章,抓住国家改革的重大机遇,灵活运用土地流转集中、综合整治、城乡建设用地增减挂钩、集体经营性建设用地入市、宅基地有偿腾退等土改政策,盘活农用地资源和集体经营性建设用地资源,探索土地经营机制,创新土地经营模式,提高土地要素市场配置效率,保障各时期农业产业化发展的用地需求,为产业融合发展奠定坚实的基础。

早在2006年战旗村就遵循"依法、自愿、有偿"原则,由农户以确权后的土地承包经营权按每亩720元折价入股,村集体再注入50万元现金,组建了战旗农村股份合作社,并通过合作社集中全村土地,采取对外招商和自主开发等方式发展现代农业,流转了1800余亩耕地,占全村耕地80%以上,实现了土地集中规模经营。2011年,战旗村利用土地综合整治中预留的23.8亩集体经营性建设用地及周边农业用地,以50万元/亩作价方式入股,与北京方圆平安集团和四川大行宏业集团合作建成了"第五季•妈妈农庄"和近600亩薰衣草基地。2015年,战旗村又抓住郫都区被列为全国土地制度改革试点的契机,将原属村集体所办的复合肥厂、预制构件厂和村委会老办公楼的13.447亩闲置集体经营性建设用地,以52.5万元/亩的价格出让给四川迈高旅游有限公司,成功敲响全省农村集体经营性建设用地入市"第一槌"。2018年,由四川迈高旅游有限公司投资7000万元建设的独具川西民居风格的"第五季•香境"旅游商业街区全面建成运营。截至目前,全村共清理出集体经营性建设用地近200亩,集体资产估值超过2亿元,通过入股经营、自主开发、直接挂牌等方式建成了"乡村十八坊"、四川战旗乡村振兴培训学院等项目。

**建设农业产业园,延伸农业产业链**

农业曾推动人类由蛮荒到文明,由居无定所到安居乐业,但随着时代更迭、新兴行业涌现，农业逐渐被边缘化，甚至被有些人视为夕阳产业。习近平总书记指出："让农业成为有奔头的产业。"在战旗村视察期间，习近平总书记更是进一步强调"要把发展现代农业作为实施乡村振兴战略的重中之重"。战旗人深知农业是其安身立命之本，任何时期的发展都必须以农为基础、以农为根本，同时也深谙立足村情、树立特色、发展现代农业的必要性。村书记高德敏认为："农业建设，不能脱离农字，不能搞着搞着就完全城市化了，那样就不是农村了。我们要搞出自己的特色来。""我们是纯农业的乡村，实施乡村振兴战略，就要结合我们村的特色，走农业和农副产品加工以及乡村旅游结合的振兴路子。"在这样的理念指引下，战旗村流转合作社农用地，加快一二产业融合，实现农业的横向拓展和纵向转型；建设现代农业产业园，引入农业龙头企业、家庭农场、种植业大户等新型经营主体，积极发展设施农业、科技农业项目；大力发展订单农业，为龙头企业提供原材料，推动绿色蔬菜规模化、标准化生产，加速农副产品产、加、销一体化进程。

现代农业产业园是战旗村"大农业"发展的重要载体。现代农业产业园始建于2007年，位于四川省新农村建设示范片区内，地处沙西线旁、柏条河畔，属都江堰自流灌溉区。园区占地1万亩，以战旗村为核心，辐射带动金星村、火花村、横山村、西北村等毗邻村。园区以"大园区＋龙头企业＋专合组织＋小业主"的方式，以设施农业、特色农业、科技农业为载体，着力打造精品农业展示区、生态农业观光园、珍稀食用菌标准化生产基地和有机食品示范基地。目前，农业产业园已引进成都中延榕珍菌业有限公司、北京东昇集团、第五季投资有限公司、四川蓝彩虹生态农业有限公司等多家农业企业，培育专业种植大户30余户，建成100余亩标准化规模种植示范基地，20亩现代化育苗中心，6000平方米无土栽培示范项目，800立方米气调库等农业设施，以及260亩西南地区最大的现代化、工厂化杏鲍菇生产基地和163亩"互联网＋共享农业"有机蓝莓园。

战旗村大力发展原生态的农业种植业,实施农产品加工业提档升级,支持开展农产品生产加工、综合利用关键技术研究与示范,推动初加工、精深加工、综合利用加工和主食加工的协调发展,从而实现农产品多层次、多环节转化增值。汇菇源有限公司通过与四川省农科院合作,采用技术融合的方式培育出具有川西平原特色的黄色金针菇等优质菌种,产品进军海底捞火锅,实现包揽销售,年产值上亿元。此外,还集成都中延榕珍菌业有限公司、四川浪大爷食品有限公司等农产品生产加工企业6家,建立自动出菇车间等多条自动化生产线,年产值达3亿元。

战旗村还积极营销特色农产品。在2018"成都造·中国行"北京站郫都区专场活动中,四川蓝彩虹生态农业有限公司、郫都区崇宁萝卜干专业合作社等5家战旗村及唐昌街道农产品企业向全国乃至全世界推广优势产品。此外,战旗村还主动承接中国川菜产业化基地的产业辐射,积极为"京韩四季""丹丹调味品""鹃城豆瓣"等龙头企业提供原材料,形成了龙头企业带动绿色蔬菜规模化、标准化生产,以及农副产品产、加、销为一体的现代农业产业化发展模式。

## ◎成都中延榕珍菌业◎

成都中延榕珍菌业有限公司成立于2007年9月,位于战旗村现代农业产业园区,总占地300余亩,已实现投入9000万元。公司引进规模化的流水生产线,实行标准化流程管理,启用严苛的质量管理体系打造出西部首家标准化、规模化的食用菌工厂化生产基地。产品种类包括杏鲍菇、真姬菇、猪肚菇等,鲜菇年产量达万吨。成都中延榕珍菌业有限公司作为承担国家"星火计划"重点项目的农业产业化龙头企业,所生产的食用菌来自有机农业生产体系,取得有机产品认证,是食用菌中的极品。"榕珍"产品在包装上进行统一设计、规划、制作和编号,进一步提高了"榕珍"商标的知名度,在国内国际市场获得了非常好的口碑,提升了企业的形象。"榕珍"商标于2012年1月20日被成都市工商行政管理局评为"成都市著名商标"。

作为战旗村的龙头发展企业,成都中延榕珍菌业有限公司在带动战旗村经济发展、人口就业等方面发挥了重大作用。目前,成都中延榕珍菌业有限公司的杏鲍菇占领了成都市场的份额80%以上,占整个西南市场的份额超过70%。"我们鼓励发展规模种植、农产品加工业,推进生产、加工、营销等一体化发展,延伸价值链。"高德敏介绍说,战旗村以成都中延榕珍菌业有限公司为龙头,打造食用菌知名品牌,然后通过技术改良,改善口感,提高农产品质量。

**参考资料**:屈锡华、胡雁、李宏伟等:《战旗村变迁纪实录》,四川大学出版社,2014年;董筱丹:《一个村庄的奋斗(1965—2020)——中华民族伟大复兴的乡村基础》,北京大学出版社,2021年。

## 以"农业＋"为发展理念,推动农商文旅深度融合

### 农业＋旅游

战旗村发展乡村旅游始于打造"文化大院"。2006年,在县镇领导的鼎力扶持下,战旗村筹资80余万元对原"迎龙山庄"进行了整体改造,建成了战旗村文化大院。文化大院占地22亩,其中文化大楼的建筑面积为1300平方米,院内设施齐全,集休闲、娱乐、文体、学习、培训功能为一体。文化大院在当时既是战旗村村民文化活动的平台,也是战旗村为数不多的旅游景观。之后,战旗村按照"农旅结合、以农促旅、以旅强农"的思路,大力推进休闲农业与乡村旅游互融互动发展,不断拓展农业发展空间。2007—2009年建设农民新型集中居住社区之

时，战旗村就坚持"全域景区"的理念，统一建筑风格和装修风格，形成了颇具川西民居风格的建筑群，在家家房前屋后配套了花园绿地，并全面开展农村人居环境整治，推行农村垃圾分类，改善村容村貌，使得集中居住社区成为战旗村重要的旅游景观。

与农民集中居住社区同时建设的还有农业现代产业园。之后，战旗村开始致力于建设以现代农业产业园为核心的战旗中国农业公园。农业公园旨在集合自然资源、生态资源、农业资源、文化资源、景观资源禀赋，融入低碳、环保、循环、再生等可持续发展理念，创造一种新农村建设、农业产业发展与农耕文化、地域文化、乡村文化相结合的乡土体验旅游模式。战旗村充分利用自身的区位优势、环境资源，深入挖掘岷江水系催生的古蜀农耕文化、水系文化、生态田园文化内涵和精髓，结合战旗村本地的花木、水资源优势，引入现代设施农业观光、休闲、采摘和景观艺术造型等元素，将果蔬、花卉、园林等农业要素景观组合形成生态田园景观，实现集农业生产、生态农业观光休闲、科普教育培训、生态休闲消费、田园休闲养生度假、乡村商务活动为一体的产业格局。经过多年的努力，战旗村已经基本完成了大地景观化、艺术化改造工程，成功创建国家 AAAA 级景区，连片打造 5000 亩大田景观，建成以乡村郊野公园为主题、带动五村连片发展的乡村绿道 20 公里，串联了唐昌农业大公园、吕家院子、横山花湖等特色川西林盘和田园综合体，打造了一个露天农耕博物馆，全域景区化、景观化格局基本形成。

在积极推动"农区变景区，田园变公园"的同时，战旗村引入"三产融合"的产业项目。2011 年引入的"第五季·妈妈农庄"是战旗村第一个成功引进的农文旅项目，到 2014 年，该村旅游服务业收入达到 2000 多万元，2015 年增至接近 4000 万元。到 2017 年年底，战旗村已启动农商文旅融合发展项目 3 个，吸引社会资本 2.86 亿元，年接待游客达 40 余万人次。之后，在土地制度改革和乡村振兴的背景下，战旗村通过集体经营性建设用地入市、宅改腾退、宅改入市等方式，盘活土地资源，加快了乡村旅游业的发展；集民宿酒店、餐饮美食、特色手工体验为一体的"第五季·香境"，聚非遗产品制作展示、体验销售于一体的"乡村十八坊"，以及郫县豆瓣博物馆、吕家院子、蓝莓观光园等项目全面运营。2018年，战旗村农商文旅融合发展项目已有5个，全村旅游收入达到6500万元，全年到村游客达84.4万人次，文旅业产值达3200万元，文旅业产值增长300%。2019年，"全国乡村旅游（民宿）工作现场会"在战旗村举办，战旗村入选了首批全国乡村旅游重点村。高德敏说："这次入选不仅能够进一步提高战旗村的知名度，更重要的是，能够坚定村民们走乡村旅游的发展道路。以前村民主要是就近在企业打工或者外出务工，以后我们的乡村旅游会带给他们更多的就业选择和创造更多的收入来源。"2018年至2020年，战旗村景区接待游客总量超过270万人次，全口径旅游收入超过1.89亿元。在未来的规划中，战旗村还计划整合村民的几十个老旧院落，统一规划，打造一批高品质、具有特色的精品民宿来进一步发展乡村旅游，计划到2025年实现民宿接待能力达到1500人/天。

◎第五季·妈妈农庄◎

2011年，战旗村利用土地综合整治中预留的23.8亩集体建设用地及周边农业用地，以50万元/亩作价方式入股与北京方圆平安集团和四川大行宏业集团合作，建成战旗"第五季·妈妈农庄"（简称"妈妈农庄"）和四川第一家规模化薰衣草基地，被誉为成都的"普罗旺斯"，成为远近闻名的休闲旅游景点和郫都区乡村生态旅游的新品牌。

"妈妈农庄"位于唐昌镇战旗村二社，北隔柏条河与彭州市相望，西邻都江堰市，东与唐元镇、新民场镇相连，南与安德镇接壤。"妈妈农庄"于2010年下半年动工，2011年5月正式开园，项目总投资2亿元，占地600多亩，其中乡村酒店占地20多亩、建筑面积达3万平方米，日接待能力超过5000人次，可同时容纳1600人就餐、1300人开会、300人住宿；薰衣草花田、太空果蔬观光大棚和"妈妈农庄"绿色蔬菜占地600亩。

"妈妈农庄"引进和借鉴日本现代主题农园高效、集约、先进的土地利用和管理模式，引进日本农作物品种和标准化生产管理体系，打造具有日本田园风尚的创意观光农园。"妈妈农庄"中的花卉主要有四季薰衣草、野椒薄荷、马鞭草、百里香、玫瑰、芍药等。薰衣草花海中的"妈妈农庄"是集新农村观光农业、酒店、餐饮、会议培训及拓展、婚纱摄影、创意婚礼、中式传统文化体验、农家田园休闲及疗养、香草文化体验为一体的现代观光休闲胜地。

2012年首届"中国·郫县第五季薰衣草文化旅游节"在战旗村盛大开幕。景区空气清新，水道纵横，花香迷人，战旗村"妈妈农庄"近600亩的蓝紫色薰衣草基地游人如织，呈现出一派欣欣向荣的乡村"强、富、美"的景象，赢得了络绎不绝前来观光的游客的称赞。在两个月的时间里，"妈妈农庄"共接待游客40余万人，最高峰日客流量超过5万人。

作为战旗村农商文旅融合发展的第一个项目，"妈妈农庄"的成功意味着战旗村进入"以旅助农、一三联动"的新模式，促进了乡村旅游提档升级、转型发展，拉长了乡村旅游产业链，吸纳了300多名村民就近就业，并带动战旗村及周边近百人做起了特色餐饮、旅游小商品销售等生意。

**参考资料**：屈锡华、胡雁、李宏伟等：《战旗村变迁纪实录》，四川大学出版社，2014年。

◎第五季·香境◎

2015年，郫都区被确定为全国农村土地制度改革试点，战旗村抓住机遇，于当年9月7日敲响全省集体经营性建设用地使用权竞拍的"第一槌"，四川迈高旅游有限公司竞得面积为13.447亩的集体经营性建设用地。经过两年多的建设，"第五季·香境"商业综合体建成投用。"第五季·香境"不仅有独特的川西民居建筑风格，还融入徽派建筑的元素，并具有藏式建筑在色彩运用上鲜艳和大胆的特点，是集乡村民宿酒店、餐饮美食街、特色手工体验坊为一体的情景院落式商业街区，也是战旗村景区内的第一个商业综合体。"第五季·香境"整体总建筑面积近10000平方米，商铺总面积为3200平方米，酒店面积为6300平方米。所有商铺均设在一层，便于与景区游客互动，5米的层高能最大限度地保证商家展示商品，二、三层为特色乡村民宿酒店，与底层商业相互增益、优势互补。

战旗村"第五季·香境"作为四川首宗集体经营性建设用地示范项目，实现与国有土地同证、同价、同权。但在入市之前，这宗土地是村集体所办复合肥厂、预制构件厂和村委会老办公楼用地，随着成都市自来水七厂的建设，战旗村成为成都市饮用水源保护地，原来的村企因为环境污染和效益不佳相继关停，土地因此闲置下来。"原来村里也曾经把地出租，但每亩一年租金只有几千元。请企业来搞商业开发，却碍于集体经营性建设用地不能入市，不敢花大力气投资搞建设，所以老也谈不拢。好好的一块儿地，就这么成了村里'半沉睡的资产'，我们心里也是干着急。"高德敏说。转机出现在2015年1月，中共中央办公厅和国务院办公厅联合印发《关于农村土地征收、集体经营性建设用地入市、宅基地制度改革试点工作的意见》，开始在全国33个地区实行试点，郫县入选改革"试验田"。新政之下，农村集体经营性建设用地与国有建设用地同价同权。战旗村当机立断、抓住机遇，在郫县国土资源局的指导下和村民民主决议后，才有了土地入市、香境入村的故事。

从复合肥厂、预制构件厂到情景院落式商业街区，"第五季·香境"的建设正是战旗村抓住政策机遇、创新土地经营模式、盘活土地要素、推动产业转型升级的生动写照。"这个项目不但有入市分红，家家户户还能靠着它开农家乐，吃旅游饭，一下子解决了村里100多人的就业问题"，高德敏说。如今，为了更好地管理和运营"第五季·香境"，战旗村与四川迈高旅游有限公司成立了战旗景区管理公司，引进专业运营团队，负责景区规划、招商和统一推广运营，确保景区人气持续火爆。

**参考资料**：屈锡华、胡雁、李宏伟等：《战旗村变迁纪实录》，四川大学出版社，2014年；《探访成都乡村振兴"明星村"借助"土地入市"》，《华西都市报》，2018—02—24。

## ◎壹里小吃街与天府酒店◎

走进这条古色古香的川西街巷，踏在蜿蜒的青石板路上，两旁是黛瓦白墙搭配褐色的雕花木质门窗，每个屋檐下都挂着红灯笼，头顶装饰的五彩遮阳伞随风轻轻飘荡。醪糟、渣渣面、肥肠粉、糖油果子，中餐馆、咖啡馆、茶坊、小酒吧……这条街巷长300米，有80余间屋舍，川西各地美食汇聚于此，营造出"游战旗一天，吃遍全川"的旅游+美食体验场景。高德敏介绍说，这条小巷其实是由村里的闲置房屋打造而来，通过整体盘活闲置房屋，引进多元业态，让"后房"变"前脸"，不仅形成了全新的旅游打卡地，又增加了村民们的经营性收入和财产性收益。

高德敏说："壹里小吃街的建成，让游客就餐有了更多的选择，但是解决住宿的问题却变得更加紧迫。"由于战旗村原有的酒店接待能力不足，一些游客不得不到郫都城区，甚至去都江堰住宿，这给来访的游客造成了很大的不便，因此新建一家标准化的乡村酒店势在必行。战旗村用集体经营性建设用地作价入股，引进四川天府旅游度假区开发有限公司，成立四川战旗飘飘运营管理有限公司投资建设天府酒店。酒店总投资4500万元，位于四川战旗乡村振兴培训学院南侧区域，占地约6.6亩，3层楼高，规划建筑面积约5200平方米，可提供客房107间，于2022年2月12日投入运营。酒店除了住宿接待之外，还被用于会议、培训、研学和拓展训练等。

**参考资料**：《美丽乡村新生活让城里人都羡慕 战旗村乡村振兴交出亮眼答卷》，《区融媒体中心》，2021-01-29；《战旗村要展现乡村振兴最美好的样子》，《成都日报》，2021-07-21。

## ◎2012·战旗村中国农业公园◎

2012年，在中国村社发展促进会的支持下，战旗村农业公园项目启动。该项目由新型社区、"妈妈农庄"、文化大院等资源盘活，除此之外，整合了沙西线以南近2000亩土地，其中涉及集体建设用地约150亩，以战旗全资控股的成都集凤投资管理公司为投资平台，打造天府农业旅游体验地和生态田园小镇。

"中国农业公园"项目由中国村社发展促进会特色村工作委员会与亚太环境保护协会、世界文化地理研究院、亚太农村社区发展促进会等联合发起。"中国农业公园"是利用农村广阔的田野，以绿色村庄为基础，融入低碳、环保、循环、再生等可持续的发展理念，将农作物种植与农耕文化相结合，兼有生态休闲和乡土文化的旅游模式。

战旗中国农业公园作为一种新型的公园形态，是立足于农村广阔的国土空间，立足于自身的乡村自然资源、生态资源、农业资源、文化资源、景观资源禀赋，融入低碳、环保、循环、再生等可持续发展理念，将新农村建设、农业产业发展与农耕文化、地域文化、乡村文化相结合的一种休闲和乡土体验旅游的创新模式。战旗村充分利用自身的区位优势、环境资源，深入挖掘岷江水系而催生的古蜀农耕文化、水系文化、生态田园文化内涵和精髓，结合战旗本地的花木、水资源优势，引入现代设施农业（以果蔬为核心）观光、休闲、采摘和景观艺术造型等元素，将果蔬、花卉、园林等农业要素景观组合形成生态田园景观，实现集农业生产、生态农业观光休闲、科普教育培训、生态休闲消费、田园休闲养生度假、乡村商务活动为一体的新格局。

战旗中国农业公园，集合文化大道、农业乐园、景观走廊、休闲度假、产业园区为一体，融合了生产、文化、旅游等丰富要素，内容丰富，主题突出。"瓜田李下"农业乐园，有机组合水系和生态农业休闲观光，打造以果蔬景观艺术为核心，花木花草为辅助景观的新型生态观光农业园区；生态田园文化旅游度假区，依托本区域丰富的山、水、林资源，坚持"自然生态，保护水源"的原则，以花草景观为核心，有机结合花田、稻田、湖塘、荷塘、林盘、小桥、流水等传统农业要素，复活传统中华农业的生态遗产，构建生态田园文化旅游度假景区；乡村生活文化区，挖掘呈现战旗新农村文化和乡土文化，倡导人们通过体验、参与、互动，成为"会生活、懂生活"的乡村生活家，深入感受农耕乡土文化的魅力和底蕴。

**参考资料**：屈锡华、胡雁、李宏伟等：《战旗村变迁纪实录》，四川大学出版社，2014年；董筱丹：《一个村庄的奋斗（1965—2020）——中华民族伟大复兴的乡村基础》，北京大学出版社，2021年；屈小博、程杰等：《城乡一体化之路有多远——成都市郫都区战旗村》，中国社会科学出版社，2019年。

农业＋互联网

近年来互联网的快速发展，在改变消费方式的同时，也倒逼农村经济转型升级。"互联网＋"模式有利于加强农商互联，密切产销衔接，发展农社、农企、农校、农超等产销对接的新型流通业态。战旗村又一次抓住机遇，搭上"互联网"的便车，运用互联网和大数据基础，实施休闲农业和乡村旅游精品工程，发展乡村共享经济等新业态，推动人文、科技等元素融入农业，拓展特色农产品流通渠道，利用新业态创造农业新活力。

利用"京东云创"平台对先锋萝卜干、即食香菇等系列产品进行"梳妆打扮"，运用大数据根据消费者需求进行精准生产、精准投放，使其单位售价达到了15元/斤，是以往的3倍。通过"人人耘"互动种养平台实现订单化销售和实时监测，连接城乡两头，实现产销对接，为城市高端消费群体与农场搭建桥梁，以绿色高端农业和体验农业推动农业经营模式创新，短短半年时间，消费用户达到3万余人，营业收入破1000万元。与"猪八戒网""天下星农"等知名品牌营销公司合作，对云桥圆根萝卜、唐元韭黄、新民场生菜等绿色有机农产品进行包装设计和精准营销；云桥圆根萝卜进军北京盒马生鲜超市，并成功出口日本。随着战旗村在国内外消费群体中的影响力持续扩大，韭黄、韭菜、蓝莓、食用菌、萝卜干、郫县豆瓣及系列复合调味品、休闲保健食品等农产品品牌的影响力持续增强。

蓝彩虹有机蓝莓基地还通过共享果园的方式，实现城市居民认领果树。该模式不仅带动了基地的销量，更为战旗村吸引了不少游客。蓝彩虹基地公司技术生产经理何忠慰表示，"每年6月蓝莓成熟的时候，来体验采摘的游客很多"。和蓝莓基地一样，战旗草莓基地也走到了线上。"第一个草莓试点基地已启用，除了为线上的订单种植标准化的草莓，还会为线下的游客提供体验式的互动"。"人人耘"互动种养平台负责人秦强如是说。如今，全村蓝莓、草莓种植基地300亩，有机蔬菜种植800余亩，特色花卉种植达900多亩，观光农业400余亩，全部实现了产业化和体系化，产品面向全国进行线上线下销售。

农业＋文创

绿水环绕的林盘，白墙黛瓦的川西民居，千百年富饶安逸的川西坝子，农业文明滋润的都江堰精华灌区，催生处于其中的战旗人特有的文化气质。战旗村坚持将文化元素融入产业发展、建筑风貌、公共空间等各个方面，营造乡土特色气息浓厚的文化氛围，彰显魅力独特的川西村庄聚落。将农业资源、历史文化资源交融，培育具有战旗特色的文创品牌，开发文创产品、引进文创项目、打造名品名作，建设"乡村十八坊"和郫县豆瓣非遗制作展示基地，将创意、科普、体验等元素融入其中，拓展酒醋酿造、豆瓣制作等传统工艺价值空间。传承弘扬蜀绣、唐昌布鞋等特色手工艺品，通过创意化、艺术化设计，整合乡村中的稻草、泥土等乡土气息浓厚的元素，创造出有趣生动的旅游项目、景观小品、旅游商品等，展现历史文化与乡土特色，进而形成休闲聚落的特色品牌。

通过集体经营性建设用地入市、宅改腾退、宅改入市等方式，引进观光休闲农业、农事体验、农产品加工等产业项目，打造乡村振兴体验精品线路，创造了创意农业、生态文化游、体育赛事、教育培训等新商机，吸引了一批人才下乡投资、村民就近创业。战旗村引进甲骨文ERP原咨询顾问秦强创立"人人耘"互动种养平台，全国乡村旅游培训总部落户四川战旗乡村振兴培训学院，吸引了企业家、歌手、大学生等人才，带动10余户村民利用闲置房屋发展民宿、特色餐饮等产业，新增就业岗位200余个。其中，返乡大学生杨益明组建成都益家花境园艺有限公司，开展鲜花种植、线上销售等业务，苗木种植达300亩，实现年产值200万元以上，带动周边村民40～50人就业，村民增收达4万元。

## ◎乡村十八坊◎

2018年8月，占地80多亩的"乡村十八坊"建成开业，成为战旗村自主开发经营的第一个文旅综合体项目。如今，取意"十八般武艺"的"乡村十八坊"已成为战旗村的一张名片，成为战旗村利用集体资源，自筹资金、自主设计、自主修建、自主经营的以传承非物质文化遗产传统技艺为核心，集产品制作展示、参观学习、体验销售于一体的旅游商业文化综合体。走进战旗村"乡村十八坊"，如同进入川西平原的一个传统文化大观园，青砖灰瓦的川西民居风格，榨油坊、酱油坊、布鞋坊、竹编坊、郫县豆瓣坊等琳琅满目的传统手工作坊，郫县豆瓣、蜀绣、唐昌布鞋、"三编"等多项非物质文化遗产传统技艺令人应接不暇。

"乡村十八坊"最初的灵感来自2011年高德敏参加第11届全国"村长论坛"时学习到的"农业公园"的概念。回村之后，高德敏详细了解了成都市、郫县的产业规划，并结合战旗村的地理区位、生态环境、现有产业等实际条件，逐渐形成了打造"战旗中国农业公园"的想法。在他的设想中，农产品传统加工工艺及川西坝子农耕文化的展示是农业公园的核心内容，其具体体现就是当时提出的"农业十八坊"。尽管如此，囿于当时战旗村农业观光旅游的业态尚未形成，以及集体经济实力有限和土地使用政策的限制，从打造"农业十八坊"想法的形成到"乡村十八坊"的成功实践，历经七年之久。

打造"乡村十八坊"源于战旗村对村庄生态环境、经济发展、就业增收、文化传承多方面的综合考量。一方面，随着战旗村农业公园的发展，"妈妈农庄"、蓝彩虹采摘园等企业的入驻，村庄面貌得以改造优化，逐步形成了农文旅结合的业态，但本质上讲，战旗村并未实现这些业态价值的内部化，村集体收益仅限于集体入股而获得的土地租金，难以企及更丰厚的业态经营收入和土地附加值。由此，战旗村急需突破现有土地经营模式，通过自主经营土地深度参与农文旅附加值的挖掘和分配。另一方面，战旗村原来就有不少使用燃煤锅炉的小作坊，这些小作坊将污水直接排到河沟中，对环境造成了一定的污染，但关停又会导致不少人失业，很多传统的民间工艺也会因此而遗失。基于以上考虑，战旗村通过民主议事程序，商定打造"乡村十八坊"，这样既能解决环境问题又能解决就业问题，还能保护传承传统工艺，同时有助于战旗村获得乡村旅游业发展的收益。

"乡村十八坊"的总投资近3000万元，主要有三个资金来源：一是村集体从第一宗集体经营性建设用地入市所获的收益706万元；二是通过战旗村投资管理有限公司向银行贷款，这部分资金占总投资的70%以上；三是以较高的利息向党员干部和村民筹措了超过50万元的社会资金。2017年3月，"乡村十八坊"一期开始动工，修建成本是每平方米900多元；2018年9月开始修建第二期，修建成本为每平方米1100元左右；同年12月完成了文化大院片区"乡村十八坊"的旅游综合配套规划；2019年1月开始招商。

为了打造"乡村十八坊"，战旗村关掉了多家产能落后、污染严重的小企业，并对闲置的文化大院进行了修缮，然后投资160万元对污水地下网络进行改造，将污水管接入大管网，实现雨污分流，电线、光缆全部入地，所有作坊全通天然气，禁用燃煤锅炉。"乡村十八坊"在保留川西农村原始风味的基础上，融入天府文化和创意设计的理念，作坊是在原有废弃农房的基础上，利用从周边村子买来的旧物料打造的，坊里的传统农具、瓦缸、石水池也是从各地"淘"来的。

在传统工艺的选择上，"乡村十八坊"利用本地工匠资源，还原了豆瓣坊、酱油坊、豆花坊等旧时小食品手工作坊，还引入唐昌布鞋制作工坊、铁匠铺、竹鸟笼铺等，集中展示传统农耕文化。各坊艺人均采用传统工艺制作产品，呈现"一店一故事、一店一传奇、一店一精神"的文化特色。在这里，游客既可以游览参观每个作坊工艺产品的生产过程，又可以参与工艺产品制作的互动体验，还可以购买传统技艺产品，现场感受浓郁的川西传统文化风韵以及一丝不苟、精益求精的工匠精神。"乡村十八坊"前店后坊的布局，除了展销特色农副产品，还有非遗产品以及传统制作技艺的展示，创造了传统手工艺走出家门，与市场和消费者面对面，弘扬传统文化的大舞台。这就实现了利用本土工匠技术资源，还原旧时作坊生产方式，在促进产业发展的同时，留下传统农耕文化记忆。

在经营模式上，战旗村村干部从陕西咸阳袁家村考察回来后，借鉴其经验，采用店家出产品、村集体出固定资产的方式合股经营"乡村十八坊"。店家不付店面租金，经营收入依照由店家和村集体商定的股份占比进行分配，村集体获得收入的一部分留存作为集体经济发展基金，其余部分按股作为村民的分红。为了稳定商户，村集体经济组织向商户收取一定的押金，具体金额由进驻时间和店铺面积决定：第一期（2018年8月8日）押金为600元/平方米，第二期（2019年1月）押金上调为1000元/平方米。收取的押金会在三年后开始退还，第一年退还30%，第二年再退还30%，第三年退还10%，余下部分作为房屋基础配套的保证金。此外，战旗村还规定商户需租满3年，对经营不足1年的商户退还90%的押金，剩余10%作为维修成本；对经营1~3年退出的商户退还80%的押金，村集体将收取的押金用来投资建设。

战旗村村书记高德敏表示，"乡村十八坊"的建成是战旗村深化农商文旅融合、培育新的经济增长点、探索集体经济发展新模式的重要举措，是展示和弘扬工匠精神的重要载体，更是战旗村贯彻中央以及省市区党委关于乡村振兴的重要指示和精神，大力实施乡村振兴战略的重要组成部分。

**参考资料**：屈锡华、胡雁、李宏伟等：《战旗村变迁纪实录》，四川大学出版社，2014年；董筱丹：《一个村庄的奋斗（1965—2020）——中华民族伟大复兴的乡村基础》，北京大学出版社，2021年。

### ◎四川战旗乡村振兴培训学院◎

2018年2月12日，习近平总书记视察战旗村，要求战旗村走在乡村振兴的前列，起好示范。随后，战旗村审时度势，乘领导人视察的"东风"，迅速拟定了创办乡村振兴培训学院的规划。2019年2月12日，在习近平总书记视察战旗村一周年之际，四川战旗乡村振兴培训学院举行揭牌仪式，标志着一座面向全国培养乡村振兴专业型、实用型人才的基地正式启动。四川战旗乡村振兴培训学院是经四川省民政厅批准成立，四川省农业农村厅主管的具有独立法人资格的民办非企业单位。在坚持"党委领导、政府支持、市场运作、资源共享"的原则上，学院由唐昌镇战旗资产管理有限公司与郫都区国有资产投资经营公司共同组建的成都蜀源战旗企业管理有限公司作为投资办学主体。

学院总占地28亩，建筑面积6500平方米，集展览展示、教学科研、学术交流等功能于一体，能同时容纳2000人培训学习。学院秉承"走在前列、起好示范"的校训，聚焦乡村振兴干部人才的发展需求，深化与清华大学、同济大学、四川大学、四川农业大学、淘宝大学（阿里巴巴）等各大高校、科研院所、商业企业的联系，建立战略合作联盟。同时，学院作为乡村振兴人才培训基地，将机关干部、农村干部、农业新型经营主体、新型职业农民、关联企业等人群，纳入学员体系，致力于培养高素质的基层组织引路人、产业发展推动人、乡风文明传承人、农业科技推广人和脱贫致富带头人。在此基础上，重点发挥学院人才培育、政策研究、宣传展示、对外交流、创新孵化等五大职能，重点开展乡村经营与管理人才培养、乡村信息化与互联网人才培养、乡村发展等课题研究，以及乡村发展规划与传统文化艺术传承等业务。

同时，学院将进一步创新办学模式，全力打造乡村振兴"郫都样本"。通过采用"市场化运作、专业化运营"的方式，实现健康持续发展。按照"最接地气、最具特色、最有实效"的工作标准，搭建师资队伍，编写"5（产业、人才、文化、生态、组织等五项振兴）+5（村社专职干部）+N"校本教材，优化课程体系，并组建"郫都特色"专家讲师团，培养以高德敏、任建等为首的10大名村主讲人，以及一批本土专家培训团队，并以战旗村、先锋村、青杠树村等名村为基础，拓展区内现场教学点。

2019年6月9日至10日，著名"三农"问题专家温铁军教授携工作团队一行到郫都区调研乡村振兴工作，并在四川战旗乡村振兴培训学院成立"温铁军工作室"，工作室将通过与乡村振兴专业研究机构及实践平台的紧密合作，引入具有海内外影响的知名专家团队，将战旗乡村振兴培训学院建设成为西南最有影响力和知名度的乡村振兴人才培育中心，成为集实践指导、政策研究、智库咨询、孵化培育等功能于一体的乡村振兴实践平台。

自开班以来，战旗乡村振兴培训学院汇集专家教授、各级领导、基层干部、农村致富带头人等70余人师资队伍，累计承办各类培训班550期，学员5.8万人次覆盖22个省市，开展涉外培训班5期，学员达300余人次，总收入逾千万元，为全国乡村振兴发展提供强大的人才保障和智力支撑。学院先后被列为国家乡村旅游人才培训基地、《半月谈》基层治理智库基地、四川省社会科学院科研教学基地、成都市干部教育培训现场教学基地等。

**参考资料：**《四川战旗乡村振兴培训学院揭牌》，《成都日报》，2019-02-13；《面向全国培养人才 四川战旗乡村振兴培训学院揭牌》，人民网，2019-02-13。

农业＋体验

战旗村将川西民风民俗、特色手工艺、传统特色产品集成展示，依托战旗村村史馆、郫县豆瓣博物馆、第五季·香境、乡村十八坊、吕家院子等项目，让游客体验原汁原味的传统川西乡村文化。在菌业博物馆，游客可以观看自动化的菌类加工过程；在蓝莓基地、豆瓣坊、郫县豆瓣博物馆，游客可以了解传统的种植园艺和加工工艺。战旗村引进培育的郫县满江红调味食品有限公司开展的豆瓣传统制作技艺保护项目，被郫都区政府命名为"中国非物质文化遗产——郫县豆瓣传统制作技艺展示基地"。以此为基础，战旗村推动豆瓣加工企业向豆瓣体验展示基地转型，新建多条生产线及传统晒场，让游客可以全过程参观豆瓣的制作工艺并现场体验。同时对社区实施外观风貌改造，增加旅游元素，引导村民规范有序地进行经营，建立天府特色民宿区。

除了开发战旗村农耕文化和农产品加工工艺等体验项目，战旗村还抓住当代市民的生活时尚潮流，以"推窗见景"的田园美景为"底色"，鳞次栉比的川西新村风貌为魅力，充分利用区域地势独特性、历史文化吸引力，结合战旗段绿道建设，积极发展具有现代文化气息的文体体验活动，如举办大地艺术节、半程马拉松、农民丰收节等品牌赛事活动。随着2018年习近平总书记的到来，战旗村又适时推出以红色文化、感恩教育为主题的旅游项目，开辟红色旅游线路，吸引了大批游客来战旗重走感恩道路，开展主题教育活动。

## ◎郫县豆瓣博物馆◎

享有"川菜之魂"美誉的郫县豆瓣，是国家级非物质文化遗产，属于全国著名的地理标志产品。位于战旗"乡村十八坊"内的郫县豆瓣博物馆整体风格古雅沉静，由蜀酱坊、郫县豆瓣中国"非遗"印象主题馆、郫县豆瓣传统制作展示基地、"味"道、蜀窖1393、郫县豆瓣创新馆（满江红馆）、制曲馆、点酱台、传统晒场、非遗文化大院体验区和科创物流中心等展区构成。博物馆内收藏了2000多口传统晒坛，还原了古窖池70多个，设置多个互动环节，以"前店""后坊"的形式生动再现酱园的生活与工作场景。游客可以在这里亲手制作郫县豆瓣，试吃火锅、大师酱等郫县豆瓣创新产品。

**参考资料：**《郫县豆瓣都有博物馆了！》《成都晚报》，2018－10－08。

如今的战旗村，按照业态、形态、生态三态合一，农商文旅融合发展的思路，创建AAAA级景区，年旅游接待达10万人次；形成了以有机蔬菜、农副产品加工、食用菌工厂化生产等为主导的农业产业，并培育了榕珍菌业等商标品牌3个；建成了以"第五季·妈妈农庄""第五季·香境"商业综合体、吕家院子为代表的乡村旅游产业，以及围绕战旗乡村振兴培训学院的职业教育培训产业。实施林盘院落整治和大田景观再现，以项目为载体，实现生态观光、休闲旅游、稻鱼共养，构建天然的大景区、生态的大公园。战旗村一二三产业融合发展的路子风生水起。"农村集体经济不能就农业发展农业，只有延长农业的产业链才有出路"。高德敏认为，在农业产业基础上填装其他项目，从而形成农、旅、文、体、商一体发展格局，是战旗村产业兴旺的"秘诀"。

# 生态宜居

生态宜居作为乡村振兴战略的重要目标之一，顺应了广大乡村人民对生态乡村、宜居乡村、绿色乡村的美好期望。从《"十三五"生态环境保护规划》的颁布到党的十九大提出"生态宜居"的要求，战旗村作为乡村振兴的一面旗帜，牢固树立"绿水青山就是金山银山"理念，结合固有自然环境资源，走出了一条绿色乡村振兴道路，先后被评为"省级绿化示范村"和"成都最美田园村庄"。

## 生 态

生态宜居的基础是"生态"。加强乡村的生态环境治理及环境改善是实现"生态宜居"理念的核心要求。习近平总书记在全国生态环境保护大会上提出"绿水青山就是金山银山，贯彻创新、协调、绿色、开放、共享的发展理念，加快形成节约资源和保护环境的空间格局、产业结构、生产方式、生活方式，给自然生态留下休养生息的时间和空间"。战旗村谨遵党和国家的要求，着力发展绿色农业，积极推进农业生态有机循环及生态治理，同时对产业带来的环境污染问题进行治理与防范，并以此为基础，结合当地经济发展战略，依托固有资源，推动旅游业及自然景区生态环境建设，从而形成相互激励、协同联动的生态经济体系。

生态保护嵌入村庄规划，确保生态红线不突破

2015年，郫都区在新一轮的土地制度改革中，将生态保护规划、村庄建设规划同土地利用、城乡建设、产业发展等方面进行统筹考虑、通盘规划，从而在土地利用前置阶段就确保乡村生态环境不被破坏。战旗村在这方面又一次走在了前列。战旗村积极探索村级土地利用规划编制的基本思路、方法和路径，聘请专业机构对全村的产业发展、生态保护和农民集中居住区建设等进行了统一规划，按照形态、业态、生态、文态"四态合一"的规划思路，努力构建"绿道为轴、林盘为点、水系为廊、农田为面、产业为魂"的美丽乡村形态，充分展示天府田园风光和巴蜀农耕文化，打造林盘示范点、农耕体验地和乡愁寻根地。

推进农业生态有机循环，提升农副加工生产效率

近几年，战旗村致力于改变传统的农业生产方式，积极推进以水稻、蔬菜为主的有机生态农田建设，推进测土配方施肥，并于2019年实现化肥农药使用零增长；全面禁止露天焚烧秸秆，实现污水统一收集、达标排放，实施土壤有机转化和高标准农田整治1000亩，基本完成生态农业循环体系搭建。目前战旗村已经建成绿色有机蔬菜种植基地800余亩，组建2个蔬菜专业合作社，引入"京东云创""人人耘"等智慧农业平台，培育省市著名商标品牌3个。现代农业科技园占地200余亩，将现有的种苗培育、大棚蔬菜、季节蔬菜、榕珍菌业等优质资源重新整合，构成集农业生产、农业生态循环、科技创新、景观农业和休闲餐饮为一体的综合式现代农业园。

开展产业生态环境治理

早在2011年，战旗村就认识到工业生产对环境的影响，开始有计

划地进行产业生态环境治理。战旗村成立了城乡环境综合治理领导小组，由村党总支书记担任组长，村民委员会主任担任副组长，落实每个区域的管理责任，其他每个村干部分别负责一个区域（如农业园区、新型社区、文化大院、企业店铺等）的环境监管工作。另外，还有专人负责城乡环境综合治理的宣传工作、督查工作以及制度建设、资料归档工作等。

战旗村成立以党总支书记为组长，村两委和村巡逻队为成员的禁烧工作小组，实行村两委干部分片负责制，通过张贴宣传标语和广播宣传等形式开展禁烧宣传，并组织人员每天昼夜不间断地进行巡查，并采取黑斑倒查制度，及时对黑斑进行处理。村里还要求种田农户和种植大户签订秸秆禁烧承诺书，内容包括：绝不在田间、公共场所、交通干道等地方露天焚烧农作物秸秆；绝不向河道、沟渠倾倒或抛撒农作物秸秆，保护渠道通畅；积极采取农作物秸秆还田等办法，进行农作物综合利用等。

战旗村地处成都市二类水源保护区，家养畜牧业污水治理与规范难度大，在这种情况下，战旗村决心逐步淘汰养殖业。2018年，战旗村迁移规模养殖场4户，基本解决了家养畜牧业污染的问题，近年更是加大对河流沿岸的污水治理，不仅肩负起战旗村自身生态环境治理的重任，更是为成都市的生态环境建设添瓦助力。此外，为了解决工业污染的问题，战旗村主动放弃多家"散、乱、污"的化工企业以及乡村作坊，对污水进行统一治理，根据国家规定实行达标排放。截至2019年，经村集体商议后，战旗村忍痛关闭了肥料厂、预制构件厂等5家对环境产生极大污染的村办集体产业，只保留无污染的农副产品加工企业。关闭污染性集体企业必然会带来眼前利益的损失，对此，战旗村书记高德敏认为："这些企业在短期给集体带来一定的收益，但是是以牺牲环境为代价的，长期来看，不划算！"

战旗村通过锦江绿道、战旗绿道、横山绿道将周边火花村、西北村特色林盘、柏条河、柏木河湿地，横山村、战旗村田园综合体有机串联起来，实行水旱轮作稻鱼共生，打造5000亩大田景观，塑造"田成方、树成簇、水成网"的乡村田园锦绣画卷，实现以生态提升景观、以景观催生效益的新业态。

## ◎生态环境分红——吕家院子◎

唐昌镇作为成都市饮用水源保护区，一直致力于全域打造国家农业大公园，为此主动放弃了对水源造成污染的养殖业、产品加工业等发展机会，此举进一步改善了当地的生态环境，但导致镇年人均纯收入比郫都区的平均水平要低500元左右。因此，如何将"生态价值转化成经济价值"成为乡村振兴过程中平衡"产业发展"与"生态宜居"之间可能存在的张力的关键问题。在唐昌镇政府的支持下，战旗村探索出了"生态环境分红"模式，在吕家院子引入了首个项目。

吕家院子是唐昌镇战旗村内一个川西林盘，这里保存着较为完整的川西林盘形态，同时兼有交通便利性，位于"绿色战旗·幸福安唐"乡村振兴博览园和战旗村国家AAAA级景区核心区，左临沙西线，右接唐宝路，区位优势明显。战旗村合作社在村民自愿互惠基础上，通过租用方式流转了吕家院子现有住户的宅基地、林地和农用地以及闲置房屋，随后又引入国有平台公司，对林盘进行了外部风貌打造。在此基础上，经过多番努力，战旗村与一位"90后"创业者杨真君合作，在吕家院子打造了一家园林式火锅——望丛釜。该项目约定，业主在缴纳土地租金的同时，每月按照营业额的3%给村集体分红，分红的收入，主要用于战旗村的生态环境建设，即"生态环境分红"。战旗村望丛釜项目于2019年10月开业，当月就向村集体分红8803元，截至2020年已给村集体分红超过5万元。

战旗村"生态环境分红"项目的意义在于很好地处理了"产业兴旺"和"生态宜居"之间的关系。村集体通过村庄改造和环境美化，提升了生态价值，引入的产业项目也因良好的生态环境获得了好处，将收入按比例给村集体进行生态环境分红，则提高了当地村民和村集体的收入。反过来，村集体利用分红持续投入到生态环境的保护和改善中，由此吸引更多的产业项目来村投资，形成外来资本与村集体的利益共同体。谢洪治，一位土生土长的村民，在外经营餐饮20多年后回乡，与"望丛釜"毗邻搞起了田间烧烤和民宿。他认为："我们和村上是一个利益共同体，我们发展得好，村上分红也会越多；反过来，村上也会更尽心地打造周边的生态环境，为我们引来更多客人。"目前，战旗村已有12个"生态环境分红"项目入驻吕家院子。

**参考资料**：《成都战旗村吕家院子：3‰的生态环境分红守护川西林盘》，《四川日报》，2020－09－11。

## 宜 居

如果说生态是自然生态与人文生态的高度耦合的系统，更关注于人与自然的和谐共生，宜居则体现乡村人民对愉悦居住的内在诉求，更需以创设美好人居环境为依托。宜人的生活环境以及舒适的居住条件是生态宜居的落脚点。战旗村利用土地政策叠加效应，建立新型农民居住社区，修建配套基础设施，提供专业的公共服务，整治村容村貌，极大地改善了村民的居住条件，提升了人民的获得感、幸福感，同时也优化了投资环境。

### 建新社区，过新生活

2007年，战旗村以土地综合整治作为平台和途径，通过"拆旧"的方式腾退宅基地、院落，并对其进行平整复垦，新增440.8亩土地；

再利用土地综合整治产生的预期收益，通过城乡土地指标增减挂钩的方式进行融资"建新"。与成都市惠农投资公司按照"资源换资本"的方式合作，按照20年不落后的标准，为农民修建集中居住小区并且配套相应的生活生产基础设施，使农民享受更好的居住条件、社区环境和公共服务。

在"拆旧"过程中，战旗村先后组织召开了村社干部群众动员会、党员大会、社员大会，对需要拆除的旧区房屋进行摸底，发放了大量农户意愿调查表，共有496户农户在意愿调查表上签字。广泛收集群众意见并制作成土地综合整合工作的宣传提纲，并以此为基础展开广泛的、耐心细致的宣传。先后发放宣传提纲500多份，张挂横幅20余幅，站立式宣传用标柱15个，召开社长以上会议十余次、召开全村村民大会和户代表会2次，全方位地向村民详细介绍"拆院并院"的目的、意义、补偿方式和新居建设规划，以此获得全体村民的理解和支持。之后，战旗村及时完成全村农房影像资料的固定，共拍摄彼时状态照片1000余张，并全部录入电脑，完成归档整理，最终形成信息台账。

"建新"时，战旗村依据县、镇、村土地利用总体规划和挂钩专项规划，聘请专业设计单位，在全村1∶500土地利用现状实测基础上，做好全村道路、沟渠、安置点、村镇建设用地预留区等的规划设计。在确定户型方案时，充分吸纳农户意见和建议，村干部对全村农户对新居户型的选择进行了全面的摸底调查，让村民充分了解户型设计方案、效果图设计，并充分尊重群众意愿、征得农户同意后再确定；户型及套型按自愿原则落实到全村每户，社区总评方案设计，经专门机构设计完善后确定。最终通过民主决议，决定在统一样式和装修风格的基础上，采用"统规自建"房为主、"统规统建"房为辅的方式，修建低层联排别墅和多层公寓楼两种类型住房，供村民根据需求自行选择。之后，战旗村又相继完成了勘验封户、签订补偿协议，旧房拆迁等工作。

新型社区于2007年8月21日正式奠基动工，投资9800余万元（含全村基础设施配套建设），规划人口3000人，总占地面积315亩，其中一期占地215亩，总建筑面积9.1万平方米，包括低层联排别墅401套，建筑面积7.45万平方米；修建多层公寓式楼房171套，建筑面积1.45万平方米；幼教、商业、供水、污水处理、服务中心等功能配套房0.24万平方米。新型社区建成后，2009年4月10日，通过民主的方式一次性成功分房，共入住人口1655人。

战旗村新型社区简约典雅、美观大方，既保持了浓郁的川西传统民居韵味又不乏新潮的现代气息。从外观来看，联排别墅户型各异、装修洋气，院外的绿化带里种着各种花草树木。联排别墅内部功能齐全，统一配备了客厅、卧室、厨房餐厅、洗澡间，另外还有收捡室和车库，既新潮又能满足农村日常生活起居的需求。村民从此过上了"出门见花草、在家能上网、喝水靠自来、煮饭用燃气"的城镇生活，战旗村也成为郫都区新家园、新生活、新风貌的"三新家园"示范点。习近平总书记来考察时，就曾夸赞战旗村"农民的收入芝麻开花节节高，住房让城里人羡慕！"村书记高德敏说，战旗村人不奢望进城，而是一定要建设好自己的家园。

设施完善，服务专业

长期以来，战旗村村民集中居住的街道缺乏规划，房舍大部分年久失修，村容环境和交通条件较差，"露天厕、泥水街、压水井、鸡鸭院"，给农民的生产生活带来诸多不便。2007年，借助修建新型农民集中居住社区之机，战旗村因地制宜，根据村集体经济的实力，按照全村总体规划建设要求，先后投资200多万元，对社区的街道、房舍、渠系及地下管网等生产生活设施统一进行规划改造，并整治修缮了全村道路、渠系和绿化等基础设施，实现电、天然气、污水管网、光纤宽带、水泥路均达到全覆盖。不仅如此，战旗村在新型社区建设中，按照"1

+13"的配置标准，打造15分钟公共服务圈，建成了标准化的自来水厂、农贸市场、邮政储蓄代办点、便民服务中心、社区服务中心、劳动保障工作站、幼儿园、综合文化活动中心等公共服务配套设施。同时，战旗村也兴建了社区公共绿化及设施、生态农业休闲景观和社区商住建筑及配套设施。此外，战旗村还致力于推动社区管理规范化、专业化和职业化。村民委员会制定了《战旗新型社区管理办法》，由村民代表大会审议通过，该办法对中心村农民聚居点的道路、建筑物、园林绿地、户外广告及店招管理、道路照明及光彩工程、施工工地、环境卫生、消防安全等都做出了规定，并由县级的规划、建设、工商、公安、水务等职能部门行使执法权。新型社区依据《物业管理条例》的条款，成立物业管理委员会和业主大会，设有绿化、环境卫生、治安巡逻、基础设施维护等管理小组，为村民提供优质高效的服务。

环境整治，改善村貌

随着生活、生产方式的改变，原有的垃圾处理矛盾也显现端倪。对此，战旗村在村民居住区布置了垃圾分类处理箱，设立了关于卫生习惯的标语指示牌，还成立了由二十多个中老年人组成的环卫小分队，制定详细合理的环卫清扫制度，采取"户集、村收、镇转、区处理"的方式，集中处理村内的生活垃圾，切实做到了战旗村"三清三改三化"（"三清"，即清垃圾、清路障、清庭院；"三改"，即改水、改厕、改路；"三化"，即绿化、净化、美化）。环卫工程的实施彻底改善了战旗村的居住环境，带动了社区投资环境的优化，极大地增强了村庄的吸引力。2007年，战旗村被政府授予"四川省绿化示范村"光荣称号。

不仅如此，战旗村还与高建环卫公司签订环卫保洁合同，定期清理社区内每条沟渠的垃圾，清除沟渠及绿化带的杂草，让居民不仅住得开心，更看得舒心。2018年，战旗村进一步以"美丽乡村"理念为指导，采用"两栋四分法"分类方法、"垃圾不落地"转运方法，并设立有机堆肥池对资源进行合理运用。为进一步推动垃圾分类，战旗村配置了智慧居家馆，作为可回收物和有害垃圾收集点，采用"互联网＋垃圾分类和智慧生活"分类模式，通过智慧居家馆垃圾分类载体，实现可回收物和有害垃圾回收、计量、用户注册、系统积分，积分可兑换日常用品。可回收物再转运至再生资源加工厂做资源化利用，有害垃圾交由危废处理厂无害化处置，可利用的大件垃圾物品，村民则可通过系统平台二手商城进行交易互赠。

在社区环境治理成效显著的基础上，战旗村采取措施进一步改善村容村貌。习近平总书记在国内考察调研时，强调"小厕所、大民生"助推城乡文明建设。2017年年初，由郫都区城管局牵头，制定了全区拟《新建公厕情况汇总表》和拟《改造提升公厕情况汇总表》两张表，战旗村紧跟文件要求，在村内大力推进"厕所革命"，采用"以商建厕、商铺换厕"的模式，仅18天时间就成功修出一座标准的冲水厕所，并且配备智慧空间。不仅如此，战旗村还安排专人进行管理，实现公厕的设施现代化与管理组织化，改善了村内的卫生条件，提高了战旗村居民的生活品质。

## 可持续

生态宜居的关键是"可持续"。在乡村振兴过程中，从可持续发展的战略高度把环境保护和生态建设摆在突出的位置上，探索经济发展与生态环境的协调平衡，形成生态环境保护推进经济发展、经济发展带动生态环境保护的良性循环，是保障乡村长期生态宜居的根本途径。

战旗村地处成都市"上风上水"的地理位置，柏木河和柏条河双河环抱为战旗村提供了丰富的水资源，再加上远离城区、生态环境优美，更显生态环境保护与可持续发展之于战旗村的重要意义。对此，战旗村领导班子有着清醒且深刻的认识。"我们是纯农业的乡村，实施乡村振兴战略，就要结合我们村的特色，走农业和农副产品加工以及乡村旅游结合的振兴路子。"高德敏如是说。秉持这样的理念，战旗村在不断的实践与探索中，将生态环境保护作为经济发展的"底线"，经济发展作为提高宜居品质的"引擎"，沿着"以农为本、实施产业驱动，以农促旅、促进三产联动"的绿色发展模式，利用当地的自然资源优势发展经济，着力打造现代都市农业、拓展现代农业产业园、构建绿色生态之镇。

调整产业结构，发展绿色加工业

战旗村大力调整产业结构，延伸产业链条，聚焦"优、绿、特、强、新"，推动现代农业发展。建设战旗现代农业产业园，不断探索农业产业开发和产业融合路径。培优壮大满江红、富友等四家"土生土长"的调味品企业，并以生产郫县豆瓣为主创立"蜀府""先锋"等省市著名商标品牌，积极引导村域内现有的5家集体企业和5家民营企业进行提档升级，将现有农副产品精深加工与农业观光体验有机相合，开辟参观通道，开发旅游产品，营造一、二、三产业互动的良好氛围。聚集了成都中延榕珍菌业有限公司、四川浪大爷食品有限公司等农产品生产加工企业6家，建立自动出菇车间等多条自动化生产线，实现标准化、智能化、高效化生产。

农商文旅融合，优化村庄面貌

城郊农村地区丰富的自然生态资源，原有农房风貌和村落形态，及其承载的历史价值、文化价值、经济价值，是"望得见青山、记得住乡愁"的基础，是吸引外来企业、游客和文创人才的重要资源。在保留村庄自然生态、原始风貌的基础上，借助休闲观光旅游、乡村酒店、康养等商业项目，对村庄自然环境和人居建筑进行修缮和开发利用，不仅能够改善农民原有的居住条件，而且对于优化村庄整体格局和美化局部微环境都大有裨益。正是秉持这样的理念，战旗村大力推进农业产业景观化和乡村旅游，通过以点串线、集中连片的生态绿色发展，实现了从传统乡村到现代景区、从原始田园到景致公园的蜕变。

2012年，在中国村社发展促进会的支持下，战旗村农业公园项目启动。该项目将新型社区、妈妈农庄、文化大院等资源盘活。其中"第五季·妈妈农庄"是郫都区第一个AAA级景区，是"一三联动、以旅助农"的典型代表，更是郫都区乡村生态旅游的新品牌。"第五季·妈妈农庄"依托原有的川西林盘院落自然生态资源，保留了林盘、水系等原生态，保护了柏条河、柏木河景观资源和生态本底，建设过程中就已经严格标准，精心实施创建工程。该项目规范化改建游客中心，建筑面积达到200㎡，配套建设了战旗乡村文化展示墙、购物中心，以及星级厕所，并同步建设了7000㎡的生态休闲广场，整体提升战旗花田景区对外窗口形象。同时集中实施了景区主要道路步行街改造，将景区内原人车混行，兼具景区通道及过境道路功能的唐宝路、战旗路、沙西骑游绿道进行了全面改造，增设了节点景观及人性化服务设施，实施绿化整治，达到了移步换景的效果。此外，新建了6200㎡的停车场，配套绿化景观，实现了规范化、智能化管理。景区还加大巡查力度，对古树名树、环境质量进行监测，实现了景区保洁市场化、常态化和全覆盖，同时实行垃圾分类处理和再生资源回收利用，优化了旅游景区环境质量。

2018年兴建的"乡村十八坊"就是战旗村将绿色乡村振兴理念贯彻落实的一个典型事例。"乡村十八坊"所在的地块原先是一处村办养殖场，臭气熏天、污水乱排，给当地生态环境带来了很大的破坏。战旗村对其进行搬迁处理后，又将原先使用燃煤锅炉、将污水直接排至河沟的乡村作坊集合起来，在原址建起以传承非物质文化技艺为核心，学习参观与商品销售为一体的旅游商业文化综合体——"乡村十八坊"。为了改变原址"脏、乱、差"的状态，"乡村十八坊"自规划初期至建成投产，共投资160余万元对原有的污水地下处理网络进行改造，采用雨污分流的方式，将作坊内的污水接入大管网，不仅实现了雨水的再利用以及集中的处理排放，又降低了雨量对污水处理厂的冲击，提高污水处理厂的工作效率。不仅如此，入驻坊内的商户家家通上天然气，改变了原先传统的生产方式，便利了商户、提高了能效，更减少了煤炭的消耗与排放。"乡村十八坊"不仅仅是探索集体经济发展新模式的重要举措，更是战旗村践行生态宜居的重要措施。

2018年战旗村落实"河长制"，对村内的河流进行综合治理，清理河内残留垃圾，改善水生态环境质量，并着手以战旗村为核心，联通周边四个村落共2.6平方公里区域，建设"一核一片两翼"的"泛战旗五村连片区"。"泛战旗五村连片区"覆盖生态绿道1500米，建成柏条河带状生态湿地，并通过锦江绿道、战旗绿道、横山绿道将周边火花村、西北村特色林盘、柏条河、柏木河湿地、横山村、战旗村特色的田园综合体有机串联起来，实现以生态提升景观、以景观催生效益，进而打造出以生态循环系统为核心的，集生态观光、文化体验、科普教育、田园休闲等多功能于一体的生态振兴公园。

总之，乡村振兴需要以实现乡村生态宜居为重要导向，系统推进乡村生态治理，逐步形成科学绿色的空间格局、产业格局。战旗村正持续推动富有地域特色、人与自然和谐共生、产业与生态相互交融的美丽乡村建设，积极通过示范引领，努力打造生态宜居美丽乡村的"战旗模版"。

# 乡风文明

乡风文明是乡村振兴在社会文化方面的重要体现，更是弘扬中国特色社会主义核心价值观的重要载体。中共中央国务院印发的《乡村振兴战略规划（2018—2022年）》明确指出："乡村振兴，乡风文明是保障。必须坚持物质文明与精神文明一起抓，提升农民精神风貌，培育文明乡风、良好家风、淳朴民风，不断提高乡村社会文明程度。"习近平总书记在视察战旗村时强调，"农村的发展不仅仅是产业的发展，也不单单是物质文明的发展，精神文明、文化生活也要同步跟上"。作为具有民兵工作传统和集体主义精神传承的战旗村，在落实乡村振兴战略的过程中，谨遵领导人的嘱托，通过丰富村民文化生活、挖掘传统文化价值、转变村民生产生活方式、增强村民归属感认同感等措施，走在乡风文明建设的前列，先后荣获"全国社会主义精神文明单位""全国文明村"省级"四好村"等称号，并得到了习近平总书记的肯定和赞誉。

**完善公共文化基础设施，丰富农民文化生活**

随着土地要素的盘活，农商文旅产业的发展，集体经济的壮大，战旗村有更强的经济实力修建功能齐全的公共文化基础设施，为丰富村民文体娱乐活动和提高文化素质创造条件。

早在2006年，战旗村就依托集体经济组织，筹资80余万元将原来的"迎龙山庄"改建成了占地20余亩的集电子阅览室、排练厅、多功能活动室、灯光篮球场、乒乓球场、健身道路、表演舞台等众多设施的村级文化阵地——文化大院。战旗村组建了少儿舞蹈队、老年腰鼓队、青年歌手演唱队等文体队，定期开展群众文化体育活动，并引入深圳上启文化，定期开展艺术乡村系列文化活动。开展农民夜校，为村民讲法律、讲美食、讲高血压和糖尿病防治、讲小孩科学喂养……这些内容受到了村民的广泛好评，他们的参与热情很高。正如高德敏所说："选择村民们感兴趣的话题，与他们的生活有关系，他们就会主动参与。"

## ◎文化大院◎

战旗村文化大院不仅是村民休闲娱乐的主要场所，也是战旗村的一个标志性建筑。2006年，在郫县县委、县政府、县委宣传部等部门的支持与帮助下，战旗村筹资80余万元对原"迎龙山庄"进行了整体改造，建成了西部最大的村级文化场所——战旗村文化大院。文化大院占地22亩，其中文化大楼的建筑面积为1300平方米，院内设施齐全：体育方面的有篮球场、乒乓球室、健身房；学习方面的有农家书屋、电子阅览室、多功能培训室、书画室；娱乐休闲方面的有歌舞演练厅、茶亭、露天大舞台、影视放映厅等。

2008年"5.12"特大地震中，文化大院遭到了严重的损毁，在县委、县政府的帮助之下，战旗村于2009年5月完成了重建工作。重建后的文化大院由三部分构成：一是文化大楼。文化大楼建筑面积1300平方米，拥有农家书屋、电子阅览室、多功能培训室、书画室、健身房、练功房等基础设施，百科全书、农村实用技能、通俗读物、报纸杂志等书籍20000余册，电脑12台以及投影仪等。二是文化体育广场，60平方米的广场舞台上安装了数套体育健身器材，是村里群众的健身活动中心。三是文化长廊，长廊上的战旗文化墙展示了改革开放以来战旗村社会主义新农村建设取得的成就。四是听文阁，主要用于文体活动、科技培训、举行大型会议等。此外还包括标准化篮球场、乡村图书馆、电子阅览室、综合健身房等。

如今，文化大院已经成为战旗村文化建设和文化活动的主要阵地，全村群众组建了阅读队伍、健身队伍、表演队伍等群众文化活动基本队伍，各项公益文体活动开展得有声有色。依托沙西线高速公路，战旗村文化大院还成为农村观光旅游的重要组成部分。

**参考资料**：屈锡华、胡雁、李宏伟等：《战旗村变迁纪实录》，四川大学出版社，2014年；屈小博、程杰等：《城乡一体化之路有多远——成都市郫都区战旗村》，中国社会科学出版社，2019年。

为了转变农民思想观念，提高农村文明程度，提升村民的整体素质，战旗村依托郫都区高校资源，每年利用暑期与西南交通大学、西华大学、四川师范大学、成都纺织高等专科学校等10余所高校共同开展"高校+支部+农户"结对共建活动，连续13年共计组织600余名大学生开展"1位大学生+1户农户"进村入户活动，在全村开展校村结对共建、大学生进农家、大学生与农户结对子等活动，通过政策宣传、技能培训、法律知识普及等，实现智力支农、文化助农、技能帮农。不仅如此，党群服务中心陆续开辟了邻里守望、儿童之家等主题空间，依托战旗"微党校"（农民夜校），建立了包括13个区级部门党员干部和技术专家在内的师资库，开辟舞蹈室、书画国学室、手工作坊等教学场地。为涵养新风，助力"自治法治德治"和"共建共治共享"，战旗村开展多项社工项目，组织环保公益活动，完善法制建设机制，成立法律援助室、党员工作室、百姓纠纷评理团、心理辅导站等。

此外，战旗村还依托文化礼堂、新时代农民讲习所，持续开展"家风家教家训""大健康"等培训活动；邀请知名艺术家创办工作室，与成都市创意农业协会等一批优秀社会组织紧密合作，注入时尚元素，弘扬耕读文化，融合新乡贤独特的文化内涵，充分调动广大村民发展创意农业的积极性、主动性、创造性。

### 农文旅一体化为平台，挖掘传统文化价值

习近平总书记强调，优秀传统文化是一个国家、一个民族传承和发展的根本，如果丢掉了，就割断了精神命脉。战旗村自建村以来，也非常注重发掘和培育农村文化。第七任村书记李世立曾说："农村文化对于一个村子的发展有着重要的作用，没有文化支撑的农村迟早会有衰落的那一天，村民也不会幸福。我们要大力发掘现代文化，并与我们这里的传统文化有效融合，只有这样，我们村子才能走得更好，才能走得更远。"优秀传统文化的保留和创新对本土文化的发展有积极的意义，不仅可以重新唤醒村民对当地环境、物质文化的认同感、归属感和自豪感，更能进一步改善文化日渐式微、荒漠化严重的现状，继承优秀传统文化的精神内涵和价值。

新一轮土地制度改革和乡村振兴的实施，为本土文化与外来工商资本的链接搭建了平台，催生了新产业新业态。因其发展所需的基础要素来源于农村特殊的人文生态和自然环境，因而推动一二三产业相融合和农商文旅一体化，有助于本地传统文化的挖掘、梳理和集成，并以现代化的方式和渠道传承、延伸和拓展，在获得产业发展经济价值的同时，也彰显乡村文化的人文情怀，既吸引了外来游客的观光旅游，又塑造了当地的文化品牌。随着外来居民通过乡村文旅参与农业活动、体验乡村生活，本土文化价值得以显化、传播和被尊重，这会促使村民对本地文

化产生文化自信和文化认同，进而提升村民文化保护、传承和开发的自觉意识。

经过多年的努力，战旗村已经打造了集新农村观光农业、住宿、餐饮、中式传统文化体验、农家田园休闲及疗养和香草文化体验为一体的"第五季·妈妈农庄"，并通过集体经营性建设用地入市的形式建成了集乡村民宿酒店、餐饮美食街、特色手工体验坊为一体，占地13.447亩的"第五季·香境"情景院落式商业街区，以民宿为载体传递了当地传统文化的物质精神元素。依托"第五季·香境"，战旗村自主开发了"乡村十八坊"，引进了郫县豆瓣、蜀绣、唐昌布鞋、"三编"在内的多项非物质文化遗产传统技艺。

在"乡村十八坊"引入的非物质文化遗产传统技艺中，最著名的当属"唐昌布鞋"和"蜀绣"。"唐昌布鞋"属于川西毛边布鞋的一种，脱胎于明朝时期的包边千层底布鞋，距今已有700多年历史。经过砂边处理的毛边布鞋，需经历打布壳、打堂底、捶底、砂边等32道工艺，比一般布鞋更耐穿。几年前，继承了父亲手艺的赖淑芳也曾像许多老手艺人一样，担心"后继无人"，甚至想过关掉鞋店。而在2015年和2016年，"唐昌布鞋"分别被列为县级、市级非遗项目，迎来了难得的发展机遇，更让赖淑芳燃起"传承中国传统手工技艺"的责任心。现在"唐昌布鞋"不仅是一门手艺，更成为当地一项产业。唐昌镇和战旗村将本地中老年劳动力和残疾人组织起来学习这门手艺，在提高产量、传承非物质文化遗产的同时也带动就业。在经营理念上，战旗村的"唐昌布鞋"以市场规律和消费者需求为导向，创新营销模式，推出符合环保理念的多功能鞋，并与蜀绣合作开发层次分明、样式繁多的新款布鞋，发展线上店铺同步销售，使得唐昌布鞋老少咸宜，深受大众青睐，未来很快还将开设集生产、加工、展示、销售为一体的体验馆。

郫都区是蜀绣的发源地，常有"家家女红，户户针工"的场景，有良好的群众基础，2013年战旗村成立蜀绣合作社，对本村及周边村的妇女、残障人士进行蜀绣技艺的培训，时有老艺术家来传授技艺。战旗村现已有30余位绣娘在农闲、旅游的淡季进行生产，实现照顾家庭和就业增收两不误。

总之，战旗村通过引进、打造"第五季·妈妈农庄""第五季·香境""乡村十八坊"等产业项目，从建筑形式、设计风格、乡村饮食、民风民俗、文化体验、创新创业等方面回归和挖掘本土文化，将本土文化和现代文化观念相融合，进而形成发展新型乡土文化的思路，在此基础上实现了农商文旅的融合，以及传统文化的保护与产业开发的有机结合。

**涵养新风尚，开创新生活**

依托土地制度改革发展起来的新产业新业态，为乡村和城市搭建了桥梁，推动了城乡要素的双向流动。随着乡村形态的变化，新产业新业态、居住方式的改变，外来人员的增加，农村相对封闭的状态被打破，这必然会推动农民改变原有的生产生活方式，学习新的现代性规则，培育更强的经济意识和市场观念。

战旗村通过收集、梳理村民的意见建议，制定了《战旗·村规民约十条》。为了在村民之间更好地推广，将村规民约十条宣传到老、中、青、幼各年龄阶段的群体中，战旗村委托本区域中小学向学生宣传村规民约，将社会主义核心价值观、传统优秀文化、法治文化融汇成心口相传的"战旗快板"，在社区中广泛邀请村民参与到《战旗·村规民约十条》传唱与录制中，并通过社区LED屏进行播放，让村民乐意录制，喜欢传唱，从而达到宣传效果，将村规民约烙进每位村民心中，真正做到人人参与，自觉遵守。《战旗·村规民约十条》入选了全省100条最佳乡规民约。

◎战旗·村规民约十条◎

战旗飘飘映农庄，领袖嘱托记心上。

乡村振兴作示范，村规十条强保障。

一、爱党爱国爱新村，感恩奋进树形象。

二、遵纪守法走正道，明辨是非有担当。

三、知书明礼重情义，耕读传家志气昂。

四、诚信友善讲规矩，展示景区新气象。

五、勤俭持家多奋斗，人情交往不铺张。

六、远离赌毒和邪教，风清气正人清爽。

七、尊老爱幼讲孝悌，邻里和睦心舒畅。

八、爱护环境讲卫生，护水植绿美家乡。

九、禁止乱搭和乱建，公共区域要共享。

十、先富不忘带后富，创新创业奔小康。

**资料来源**：战旗村村委提供资料。

实施乡村民风廊、文化廊、文化院坝打造工程，与成都市"同行社工"合作，推广"村＋社会组织＋社工＋志愿者"模式，开办国学课堂，让国学教育进村入户。国学课堂以传承和弘扬中华优秀传统文化为宗旨，让村民学习《三字经》《增广贤文》等国学经典，形成耕读传家、父慈子孝、诚信重礼的家风民风，倡导人情往来不攀比、移风易俗除陋习，在全村形成明荣知耻、友爱互助、自强奋进的良好氛围，以及友善淳朴、守望相助、尊老爱幼的战旗新风尚。

健全乡村道德评议机制，实施乡风文明"十破十树"行动，以家风培养、乡贤回归等共建诚信重礼、尚法守制等良好风尚，以村规民约为准绳，共治大操大办、重殓厚葬、封建迷信、聚众赌博等陈规陋习，共同营造与邻为善、以邻为伴、守望相助的良好风气。开展"晒家风、晒家训、晒家规"活动，推出郫都好家风好家规，积极推举道德、文化明星，评选新乡贤12名、文明家庭50户；组织"好公婆、好儿媳、好邻居"、道德之星、文明之星评选活动，让耕读传家、父慈子孝的良好家风、乡风、民风得到传承弘扬。

**村庄精英引领，弘扬先进文化**

正所谓官德崇民德树，官气正则民风清。战旗村从建村之初的"一穷二白"，发展成为飘扬在乡村振兴道路前列的一面"战旗"，其引领者是一批代表先进文化的精英。以村书记为领头羊的党员干部无疑是主心骨。高德敏说："火车跑得快，全靠车头带，搞好乡村治理、落实乡村振兴战略，关键在党，关键在人。"八任村书记在各个时期均紧扣时代脉搏、把握政策走向，敢于人先、锐意进取，通过"走出去，请进来"，引领村庄改革，带领全村人励精图治、艰苦奋斗，形成了战旗人"自主自助自创"的"三自精神"。

如今，战旗村通过规章制度，把党员先锋模范作用的传承进一步固化。例如，针对社区部分村民还没有从传统生活方式中转变过来，还有些乱搭乱建、乱丢垃圾等行为，战旗村首先发挥党员先锋模范带头作用，开展"三亮""三问"，让党员亮身份、亮承诺、亮实绩，带头实行"门前三包"。在每个月固定党员日时，还组织80多名党员义务劳动半天。在党员的示范带领下，现在战旗村的村民已经养成了定点分类投放垃圾的好习惯，村民整体素质、文明程度有了较大的提升。

在村庄发展的各项工作中，战旗村的党员起到先锋模范带头作用，而在涉及村民利益时，则始终以村民的利益优先。习近平总书记强调，"只有我们把群众放在心上，群众才会把我们放在心上，只有我们把群众当亲人，群众才会把我们当亲人"。一方面，战旗村通过多种形式加强村干部的思想政治教育，牢固树立为人民服务的理想信念，密切党群干群关系。高德敏认为："党员干部即使做不到大公无私，但要努力做到先公后私、公大于私。"另一方面，"共同富裕"是战旗村党员干部始终牢记的初心。2007年新型农民集中居住社区建设之初，高德敏就曾说："战旗的未来追求的不是大富，也不是小富，而是共同富裕。"

战旗村的另一类代表先进文化的是新乡贤。国家2018年"一号文件"和《乡村振兴战略规划（2018—2022年）》等文件中，均强调推进乡村振兴战略需发挥新乡贤的积极作用。新乡贤是一群了解乡村、熟悉乡村社会且愿意奉献于乡村的农民，在农村的经济、文化、社会公共利益治理中扮演着"沟通者"与"协调者"等角色，对于化解基层政权与村两委、村两委与村民、村民与村民之间的冲突和矛盾，弥合社会分歧和促进乡村融合有着积极的作用。

战旗村优秀的农村党员代表、成功的乡村企业家以及退休归乡的领导干部等新乡贤，积极参与村庄建设和治理，倾听民声、关心百姓诉求及时解决矛盾，成为村民的贴心人。新乡贤带动其他精英群体实现城乡流动良性循环，从而为战旗村的长远发展吸引更多的人才。不仅如此，战旗村非常重视挖掘培育更多的乡贤。战旗村建立了乡贤参谋室，以新乡贤标准，通过挖掘、发现、推荐等方式，从产业能手、致富带头人、青年俊杰、退休老干部中发现和宣传一批新乡贤。通过专项评优选能和年末评选"十佳"树立典范，对党员、干部和群众进行正向激励，促进比学赶超，激发全体干部群众干事创业激情。

### 认同感归属感强烈，幸福感获得感增强

战旗村是一个有着移民背景的川西村落，在这个仅有529户村民的共同体中，分布了多达50个姓氏，是一个典型的杂姓村。即便如此，在战旗村村民之间依靠地缘关系建构起来的社会关联十分紧密，血缘关

系则"嵌入"在地缘关系中发挥着社会支持的作用，亲戚间、邻里间的互帮互助尤为明显。村民之间依靠这些互帮互助、礼尚往来的人情准则，形成了一套基于地缘关联的熟人社会互惠规范机制。在战旗村，无论是过去还是当下，战旗人那种自发的互帮互助得到了有效的传承和发展，让生活在这里的村民感受到了人性的关怀。纵使当初战旗村缺乏足够的集体经济支持，但植根于村民常年共同生产生活基础上的乡土人情，依然是战旗村建设的赖以依持的社会资本和发展的原初动力。村集体企业产权治理改革取得成功，集体经济步入正轨后，村民对村庄的认同感和归属感进一步增强。外来人在与村民交谈中会感受到他们强烈的集体意识和自豪感，他们常常以"我们村"的口吻来谈论村中事务，以区别于邻近的村子；村民也会相互转告，提醒大家收看有关本村的电视报道。

如今，随着集体经济的壮大、村民收入的提高、村庄面貌的改善、社区治理的开展，战旗村进一步实现了村风文明的高质量发展，既有淳朴、勤劳、友善、尊老、尚德等优秀传统文化的内涵，又有爱国、守法、敬业、创新、进取等当代社会主义精神文明的气质。村民表现出的祥和幸福、乐观向上的精神面貌，以及对村庄的认同感和归属感，给每一位到过战旗村的外来人留下了深刻印象。

◎村民心声◎

党总支委员易奉阳大学毕业后在战旗村快速发展的时期被高书记召回，学习新型种植技术，发展生态农业。本以为只能一辈子同土地打交道的他，如今随着村内各方面的发展，生活逐渐富裕，开始参与村内许多党政工作。妻子在村里杏鲍菇生产企业上班，孩子在家门口就能在由专业机构举办的幼儿园上学。家人就业问题和孩子上学问题的有效解决，是以易奉阳为代表的人才坚守战旗村、安心求发展的保障。

村民冯忠会的家是260余平方米的带车库双层小楼，而这样的家庭住房在战旗村是"标配"。据他描述，其家在村里的情况是中等水平，所以很有代表性。当下的生活让他很有幸福感，在战旗村一辈子都没想过要离开。他们认为小康生活需要自己动手创造而不能够仅仅是被动等待。村里面的家家户户都能从土地上解放出来，从事有更高附加值的劳动，才有了村里产业兴旺、生态宜居的面貌。如今冯忠会四世同居一堂，在他们看来，村民们共同艰苦奋斗来的生活与城市水平并无二致，现在他们也不断跟上时代高速发展的步伐，努力学习新技术新技能，与时俱进。

老党员冯家祥也说到，如今村里的环境宜居性和舒适度都在提升，村民收入水平只增不降，生活富足，幸福度直线上升。村民曾雨和妻子就近就业，午间休息时间可陪伴老一辈，下班后可带着孩子到广场散步，战旗村的大部分家庭均为这样的模式，不仅解决了建设家乡的劳动力短缺问题，更降低了留守老人和留守儿童面临的潜在风险。对家乡的归属感和认同感使本村的居民对于共建家乡更有内驱主动性，个体本身的参与感和成就感也得以不断增强。

65岁的刘彦是个地道的东北人，也是一名老党员，因与丈夫到成都照顾孙子，偶然来唐昌战旗村旅游，感受到战旗的美、战旗人的幸福、战旗发展的红红火火，"想来战旗养老"的念头在她心中萌芽。经与家人协商，于2018年与丈夫来到战旗，在"第五季·香境"购买了一套酒店公寓定居，将党组织关系转入战旗村，并租用农户房屋开了一家"东北饺子馆"。作为外来定居者，人生地不熟又是老年人，战旗村两委给予了夫妻二人充分的关心，村民也志愿为他们大小琐事帮前帮后，饺子生意日进千元的收入、优越的生活环境、淳朴的民风民俗让她情不自禁感受到幸福，"大家都对我好，我也要为战旗出点力"的想法油然而生。刘彦自愿加入战旗村党员志愿服务队，积极参与乡村振兴政策宣传、环境综合整治、文明劝导、景区义务导游等服务，特别是在垃圾分类工作中，她志愿参加垃圾分类宣传、入户讲解推广、带头垃圾分类等活动，作为外来者在当地村民中起到了良好示范的作用。她还申请加入"战旗大妈"社区服务队，协助战旗村警务室，长期坚持参与治安防控、综治巡逻、矛盾化解等社区治理工作，在战旗村民中赢得了"热心大妈"的好口碑。

**资料来源**：《易奉阳：战旗村里的"巴适"生活》，《瞭望东方周刊》，2018－05－31；《战旗村手艺传承人赖淑芳：总书记花钱买了我做的布鞋》，成都商报，2018－02－14；《郫都区"唐昌模式"开启 引进乡村振兴"新村民"》，凤凰网，2020－01－17；《对标榜样 砥砺前行》，人民网，2021－08－24。

总之，当我们走进战旗村，看到的是丰富多彩的文化活动，移风易俗的生活方式，传统文化与现代产业的水乳交融，充满自信、宏图远大的领导人，锐意进取、励精图治的党员干部，健康向上、积极奉献的新乡贤，洋溢幸福感和自豪感的村民。这些不就是乡风文明的生动写照吗？

# 治理有效

"治理有效"是乡村振兴的社会基础,是国家治理体系现代化和乡村"善治"的必然要求和重要组成部分。战旗村的经验表明:加强基层党建,发挥党组织战斗堡垒作用;在党总支的政治引领下,坚持自治为基、法治为本、德治为先,通过集体协商、民主决策保障农民选择权和决定权,是实现乡村有效治理,进而实现乡村振兴的两大基石。

## 火车跑得快,全靠车头带

"你现在是大名人啰",在郫都区,人们碰到战旗村村书记高德敏,总会友好地跟他开玩笑。的确,自从2018年2月12日习近平总书记来战旗村视察乡村振兴工作后,高德敏这个操着地道四川话陪同介绍的村党支部书记一下广为人知,之后更是获得了全国劳动模范、四川省优秀共产党员、四川省"十大杰出村官"等荣誉称号。不过,更让他自豪的是带领战旗村改革兴村,让战旗村成为四川乃至全国乡村振兴的典范。"这是一辈又一辈战旗人传承和积攒起来的,不是我一个人的功劳",高德敏这样真诚地回应来自周围的赞美。

习近平总书记说，"火车跑得快，全靠车头带，支部强不强，关键看'领头羊'"。如果把党组织比作车头，那么村书记就是火车头上关键的一环。习近平总书记进一步指出，加强党组织的自身建设，"特别要强调的是，一定要选好党支部书记，没有一个好带头人，就带不好一班人"。党员干部是党的路线方针政策和各项工作任务在基层得以落实的"主心骨"。一个支部，带头人强了，就差不到哪里去；反之，也就好不到哪里去。

事实上，翻开战旗村的发展历史，总会发现一代又一代战旗人敢想敢干、锐意进取的身影，而这当中，村支部书记这个带头人功不可没。战旗村自建村以来，每一任支部书记都会在工作和生活中发现并培养年轻优秀的接班人，组成一支战斗力强的基层党支部队伍。从最初的蒋大兴到现任的高德敏，战旗村经历了八位村书记的励精图治，在他们的带领下，战旗村的党组织形成了开拓创新、善于学习的精神品格。第一任村书记蒋大兴在"文革"期间不放松粮食生产；第二任村书记罗会金学大寨搞土地"条田化"改造；第三任村书记李世炳带领群众搞民兵建设，修建郫县第一个集中居住区；第四任村书记杨正忠创办多家村级企业，奠定集体经济基础；第五任村书记易奉先拓展村企发展空间，最高峰时开办多达12家企业；第六任村书记高玉春探索"公司+农户"的产业化经营模式；第七任村书记李世立对企业产权进行改制，访问南街村和华西村，开展"三分地集中"试点，探索"村—企—农"产业发展模式；第八任村书记高德敏学习全国各地经验，引领集体产权制度改革，创新土地经营管理模式，敲响四川省农村集体建设用地入市"第一槌"，深度融合农商文旅，创办乡村振兴培训学院，开创战旗村发展的新局面。

在战旗村逐步繁荣发展的过程中，八位村书记舍小家、为大家，为战旗的明天更美好而不断奋斗，不断努力。正是这样的精神传承让战旗村的战旗始终在奋进中飘扬。"战旗村的发展是一代一代接力拼搏出来的，现在这面战旗交到我手里，我就要扛起来，绝不能成'败家子'"，高德敏如是说，"从老书记手里接过'战旗'开始，我的目标就是要让这面旗，高高飘扬"。如今，在村书记高德敏的带领下，战旗村党总支坚持以习近平新时代中国特色社会主义思想武装头脑、指导实践、推动工作，并通过建立"一强五引领"的基层党建工作机制，创新基层党员管理方法，以及加强基层党组织队伍建设等措施，把支部建在集中居住区、合作社、民营企业，依托"智慧党建平台"全面加强对党员的教育、管理、监督，全面统领乡村振兴各项工作，推动全村深化改革、发展产业、整治环境、淳化乡风，带领村民住上好房子、过上好日子、养成好习惯、形成好风气，村党组织成为群众信赖的主心骨。

建立"一强五引领"的党建工作机制

战旗村党总支通过创新基层党组织设置方式，坚持把党的支部建立在产业链、居民集中居住区、集体经济合作社、民营企业和产业项目上，确保村党总支对全村发展各个方面的直接领导和高效统筹。

"一强"是指加强村党支部建设，筑造坚强的基层战斗堡垒。战旗村党总支开展由村两委干部、党小组长和党员代表参加的《中国共产党支部工作条例（试行）》专题学习，重点围绕党支部"三大定位""七项职责""五条原则"，党支部设置的"六种方式"、成立的"两个程序"以及撤销的"两个条件"进行系统的学习，并掌握党支部的"八项基本任务"和不同领域党支部的"十项重点任务"，从而为战旗村规范党支部工作指明了方向。

"五引领"是坚持党对一切工作的领导，充分发挥党组织"产业富民、改革兴村、服务便民、生态宜居、乡风文明"的政治引领作用。为此，战旗村秉承"组织建在产业上、党员聚在产业中，农民富在产业里"的理念，在村党总支的领导下，创新基层党组织设置方式，不仅在农民集中居住社区建立了党支部,而且还在农业股份合作社、集凤实业总公司和榕珍菌业有限公司等企业设置了3个党支部,将党建工作与产业发展、乡村振兴各项工作有机地融合在一起。2018年,在原有4个党支部基础上,战旗村新建了四川战旗乡村振兴培训学院党支部、蓝莓基地党支部、满江红党支部3个党支部,进一步填补了党组织空白区,有效促进了村党总支对各方面情况的掌握,加强了党员在各条建设战线发挥引领作用,从而充分发挥基层党组织在乡村振兴战略中的"火车头"和"主心骨"作用。下一步,战旗村还将在"乡村十八坊"、集凤院子、战旗农场、"第五季·香境"等项目建立党支部,坚持以党建引领促产业发展。

战旗村党支部"一强五引领"的党建工作机制取得了非常显著的成效,先后获得"全省创先争优先进基层党组织"、"全市先进基层党组织"、成都市"双强六好"基层示范党组织等荣誉称号,并于2018年2月得到习近平总书记"这里的'火车头'作用,做得很好"的高度评价。2021年6月28日,全国"两优一先"表彰大会在北京人民大会堂隆重举行,郫都区唐昌镇战旗村党委荣获"全国先进基层党组织"称号,如图1所示。

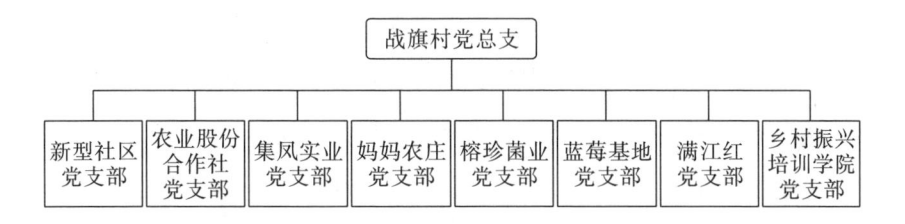

**图1 战旗村基层党组织结构图**

创新基层党员管理方法

一是推行"三问三亮"党建工作法。"三问"旨在批评和自我批评,一问"自己入党为了什么?"二问"自己作为党员做了什么?"三问"自己作为合格党员示范带动了什么？"全村83名党员自觉对照反思，共查找出宗旨意识、党性修养、理论学习等方面问题171条。然后，每名党员紧扣反思"三问"查找出的问题，建立问题清单，因问施策，有针对性地制定整改措施、明确整改时限，并主动联系服务3至10家农户，将服务群众的过程转化为推动整改落实的实践，自觉通过参与学习教育，实现自我教育、自我提高、自我完善、增强党性，以解决问题的实际成效凝心聚力，让群众受益，让群众满意。

"三亮"即"亮身份、亮承诺、亮实绩"，教育引导广大党员始终铭记党员身份，发挥党员作用。72户党员家门口悬挂"党员户"醒目标牌，接受群众监督；在四类工作岗位上设立党员示范岗、示范标兵；党内组织生活、联系服务群众时，党员自觉佩戴党徽。组织开展政策宣讲、科技指导、环境整治、帮贫助困、纠纷调解、治安巡逻"六项党员公开承诺"，并根据党员承诺组成6支党员服务队，用实际行动守诺践行。在亮实绩方面，村党总支采取"群众点评、党员互评、组织总评"的办法，将守诺践行情况作为党员民主评议的重要内容和表彰奖励、提拔任用的重要参考，敦促党员履诺践诺，用工作实绩向组织和群众交上一份满意答卷，进而评选"党员示范户"和"优秀党员"，将年轻优秀党员纳入村后备干部队伍库进行重点培养。

二是推行"六带头"工作机制。为了进一步发挥党员的先锋模范作用，在"三问三亮"的基础上，战旗村党总支又提出"六带头"工作机制：一是带头做好自家环境卫生；二是带头遵守公共秩序；三是带头学习宣传党的政策；四是带头顾大局算大账；五是带头树立契约精神；六是带头解放思想创业致富。战旗村党总支通过在公共区域设置党员墙，在工作岗位设立"党员示范岗"，在家门口悬挂"党员户""党员示范户"标牌等方式，展示全村党员基本信息、联系方式和承诺，亮出身份、亮出承诺、亮出工作实绩，接受群众监督，从而增强党员身份荣誉感和责任感。战旗村还制定了示范清单和负面清单，进一步将"三问三亮六带头"具体化，让带头示范"恰到好处"，使其可操作、可落实、可量化、可考评。

三是与时俱进健全完善党员干部规章制度。建立健全并严格执行《村社干部管理办法》和《村社干部联系群众办法》，坚持用制度管人管事，用制度规范村社干部行为，确保权力和工作规范运行，督促引导全村党员不断提升党性修养和工作能力，不断增强党员和干部的执行力。

加强基层党员队伍建设

战旗村制定了系统的党员培训计划，举办了工作业务、时政政策、法律法规等培训，深化"三问三亮六带头"活动，确保党员"有知识，懂业务""示范得体，引领有力"。

一是通过各种学习培训机制提升党员政治修养。战旗村党总支部通过"三级书记讲党课"、党组织"三会一课""党员夜校""固定党日""党员e家""网络党校"等载体，开展党性教育，不断筑牢党员理想信念；通过以案说纪讲法，用身边事教育身边人，强化全员党性教育，开展警示教育，不断巩固提升党员的规则意识、纪律意识，确保其在企业服务、项目招引、为民办事等工作中保持"亲·清"关系，促进党员特别是党员干部讲政治、有信念，讲规矩、有纪律，讲道德、有品行，讲奉献、有作为。

二是不断提高党员为人民服务的意识和业务能力。落实郫都区党委政府制定的"三固化""四包干"工作机制，为民办实事，采取"两委"干部包片区，在固定时间向村民宣讲政策、督导工作、解决问题、办理实事。例如：在每个月固定党员日时，80多名党员义务劳动半天，解决大家的环境卫生问题。实行"党员夜校"每周一小讲、每月一大讲、每季一测试、年终一考评，全年举办党员夜校12期。围绕乡村振兴中心工作，组织干部和党员，深入学习土地法、乡村规划法规、婚姻法、省乡村振兴战略考评激励办法、集体建设用地入市等法律法规，并开展招商引资、企业服务业务和技能培训，促使干部和党员"懂法律、懂业务"，让带头示范更专业，更有说服力。

三是着力后备力量的选优培强。2018年，战旗村党总支积极争取，上级党委选派了2名选调生和2名大学生志愿者到战旗村挂职锻炼；战旗村抽调干部到街道挂任中层干部，进行多岗位轮训锻炼，扩大工作格局，全年挂职轮训10人次。村党总支还开展了现场交流活动挖掘人才，先后举办"我为战旗发展献一策"演讲活动，组织"假如我是支部书记（村主任）"论坛，寻找"有想法、敢担当"的人才；组织村里经商办企和有一定影响的人员召开座谈会，畅谈乡村振兴，从中发现有意向有能力为战旗村发展服务的人才。通过张贴招聘海报、网上报名初步储备后备干部人选30余人。另外，战旗村还着手研究制定"蹲苗计划""归引计划"，吸引更多大学生、转业军人、能人，以及离退休干部职员回乡参与乡村振兴并积极培育为村社干部。

## "自治法治德治"深度融合

战旗村采取多种措施着力推动法治、德治、自治"三治融合"。构建"五权分立"的村民自治机制，完善"党组织领导、议事会决策、监事会监督、村委会执行"的基层自治工作方法，坚持遵行"民事民议、民事民管、民事民办"制度和"战旗六步工作法"，实施"党员＋社区＋单元"的网格化服务管理，开创共建共享共治的新局面。通过建章立制，实施"制清单、晒清单"制度，推动乡村法治建设；采取"塑新民，造人才""听声音，共议事""评典范，树新风"等一系列措施，构建了党员、议事会成员、新乡贤、群众参与的多元治理格局，有效提升了村庄的德治水平。

深化村民自治实践

一是构建"一核五权"的村民自治机制。战旗村建立了以党总支为核心,合作共治的治理模式,探索出了党总支领导权、村民代表大会决策权、村委会执行权、村民监督委员会监督权、集体经济组织独立经营权"五权分立"模式。在此基础上,以党支部为战斗堡垒把牢政治方向,发挥宣传动员、收集民意、梳理讨论、决议公示、实施监督和评议整改等六大作用;完善以村民代表大会、村民议事会、村务监督委员会为组织形式,以村民委员会为执行机构的村民自治机制,各主体各施其责,各尽其职,形成了完整的村级事务决策链和工作链,从而实现了党组织作用发挥与村民自治的有效衔接,促进了民主管理、民主治村良性发展,为战旗村经济发展与社会和谐提供了坚强支撑。在具体做法上,探索民生服务、民意收集、纠纷调处等"八位一体"工作法,规范议决公示、社会评价等六个民主议事程序,以"民事民议、民事民管、民事民办"制度规范村民自治。以乡村道德评议、"善行义举"榜单推进以德治理,探索建立以基层党组织为核心、法治德治自治相结合的乡村治理体系。

在村民自治机制的保障下,战旗村坚持"有事多商量,遇事多商量,做事多商量,商量得越多越深入越好"。集体资产如何处置,集体经营性建设用地是否入市、怎样经营管理,这些都由村民代表大会集体决策;入市的方式、途径、底价,都由村民代表民主协商;入市后土地收益的分配和使用,都按照全体村民同意的分红方案执行。村里建立党务、村务、财务公开栏,村里的大小事项都在这里及时公开,接受村民监督,党支部和村委会随时做好反馈和解释工作。

"50万以内的项目,村主任可以拍板;50万以上的,要上公司董事会;100万以上的,就要开村民代表大会",高德敏说,"凡是涉及公共服务、发展专项资金和村上的经营项目,都要上村民代表大会"。例如,村里在规划"乡村十八坊"时，通过评估，总投资要七八百万元，由于集体资金有限，村委会计划以融资的方式，引入一个杭州的老板投资，村民每人再出点；结果征求意见时，村民们提出自己出钱修建，每人从5000元到50000元不等，集体占50%股份，49%是现金。为了这个事专门召开了村民代表大会。"扯了不少筋，后来弄巴适了，就都没意见了。村民有意见的时候，你不能把手里的线拽得更紧，松一松反而效果更好"，高德敏用"钓鱼"比喻处理村民间的矛盾技巧。

在发展基层自治、协商民主过程中，战旗村还成立由村民代表为主体，村内的人大代表、政协委员、企业代表和村两委干部等15名人员共同组成的村民主监事会。村民主监事会采取定期列席村内重要会议、开展咨询活动、检查重要事项、参与社会评价活动等方式，对村集体资金的安排使用、重要工程项目及承包方案、村内公益事业兴办、社会保障救助等全村重大事项进行监督，独立自主开展监事活动，使村民主监事会真正成为村内重大决策的"评判人"，村民利益的"守护神"，基层民主科学管理的"推动者"。在村民主监事会的推动下，村两委组织召开了村民代表大会，讨论制定了《战旗村民主管理办法》，并按该办法的规定，先后就村集体资产改制、村容村貌改造、村文化大院建设等涉及全体村民利益的重大问题进行了民主决策。通过民主监事会的积极参与和推动，有效地改变了全村过去存在的管理不科学、缺乏民主等状况，融洽和改善了基层干群关系。

## ◎民主管理六步工作法◎

2006年，战旗村已经开始着手农村基层治理结构的改革，在制定实施方案、专项资金使用安排方案等具体工作中，总结出了"民主管理六步工作法"，并在成立新型社区管理委员会等实际工作中推广运用，收到了很好的效果。"六步工作法"包括：一是宣传动员。采取召开村民会议、发放宣传资料、张贴宣传标语等形式广泛宣传，做到家喻户晓。二是征求意见。采取发放问卷调查表、召开院坝会、村民代表会议等形式，对村上要实施的项目内容、要做的一些大事，广泛征求群众意愿，力求充分反映民意。三是形成议案。把群众提出的意见建议进行梳理汇总，通过召开村级组织联席会议讨论，形成提交村民代表会议审议的议案。四是议决公示。召开村民代表会议对村联席会议提交的议案进行充分讨论、投票表决通过，形成会议纪要，并在每个社对会议纪要进行及时公示，公示期为7天。五是组织实施。村委会按照村民代表会议通过的决议，负责具体实施，并全程接受村民主监事会和群众的监督。六是社会评价。在项目实施完后，村上就组织群众代表对项目的服务质量和效果进行评价，评价结果与公共服务项目资金补助和村干部评议挂钩。在实践中摸索总结的"民主管理六步工作法"已经成为战旗村村自治管理的一个基本工作方法。

**资料来源**：屈小博、程杰等：《城乡一体化之路有多远——成都市郫都区战旗村》，中国社会科学出版社，2019年。

二是开创共建共治共享的社区治理新局面。第一，实施网格化自主管理。战旗村创新"民事民议、民事民管、民事民办"制度，规范议决公示、社会评价等六个民主议事程序，组建新型社区业主委员会和物业管理自治组织，制定符合村情的村规民约并坚决执行。加快推进社会资源整合、工作力量聚合、群众关系融合，建立9个网格小组、1个企业商家网格，通过推行绘制一张网格图、收集一份建议表、建好一本问题台账、公布一张整改清单的"四个一"工作，建立起以党员及院落管理服务队成员排查辖区问题、收集居民建议，街道领导召集联席会，研究问题解决办法，街道、村、院落分级办理的"院落+村+街道"三级治理模式。2020年1月底，面对严峻的新冠肺炎疫情，战旗村启动了由包片领导、村党组织负责人、小区负责人、楼栋长、单元长组成的社区治理五级责任体系，变责任体系为防控体系，有条不紊开展疫情防控。1月23日，战旗村在全区率先进入防疫状态，有序开展防护宣传、入户排查、检疫检测、消毒防控等全域防控工作。并且深入到社区院落，宣传疫情防控要求和知识要点。发动党员、社工志愿者巡查督促，确保全村疫情防控工作有力有序。

在治安管理方面，战旗村警务室按照成都市公安局提出的"一所一品"要求，提出警务前移和警种支撑的具体工作机制。战旗村警务室提供6大项共26个小项的服务，包括接受群众的求助、咨询、报警，开具各项公安业务证明，驻警务室律师提供法律咨询及各类纠纷调解，每周三办理户籍业务，每周五办理交通违章缴纳罚款等业务。在完善警务室工作机制的同时，战旗村还依托网格化管理机制，建设地空一体的社会治安立体化防控体系，由专职社区民警指导专职网格员、治保巡逻队、"红袖套"等群防群治队伍加强治安巡逻。

第二，培育本土社区自治组织，助推民间调解工作。高德敏始终认为，不管是全村的发展和每个人的利益，只要规矩定好，矛盾也就化解了。"利益关系平衡了，矛盾就少了"。为此，战旗村培育孵化了"耆英汇社区舞蹈队""社区妈妈服务队"两个社区社会组织，发掘村民骨干20余人，有效发挥了村民参与社区治理的主体作用。以"社区妈妈服务队"为例，这支队伍是在战旗警务室的指导下，由30名平均年龄在60岁左右、热心于公益事业的大妈组成，她们的任务是协助警方，积极参与治安防控、综治巡逻，为群众调解各种家长里短的矛盾纠纷，进而实现"大事化小，小事化了"。在日常走访巡查中，两人一组的工作小组不放过每一个细节，直到确保万无一失。在"战旗大妈"的配合下，当地警务室人员的工作效率大大提升。不仅如此，战旗村还按照固定时间、固定地点、固定人物的"三固"工作契机，组织老党员、新乡贤、新村民成立"红色调解队"，定期了解老百姓关注的问题。战旗村打造的"阳光调解室"的"金牌调解员"们也在村民纠纷的调节中发挥了重要作用。

第三，引入专业社工机构，围绕村民需求开展服务。战旗村委托成都"同行社会服务中心"走访调查了解村民的现实问题和需求，整合社区资源，采用专业化的手段和方法，有计划、有步骤地为居民提供个性化、专业化、规范化服务。截至2019年6月，战旗村已开展老年人兴趣工坊10场，长期患病支持互助小组活动9场，结合农民夜校开办养生课堂7期，结合母亲节、端午节举办大型活动3场，服务村民超过1500人/次。

推进乡村法治建设

第一，战旗村坚持"先说断后不乱"，先依法制定规则，再推行资源、资产、资金依规盘活流通，构建村两委、集体经济组织、农业合作社、专业协会"多元共治＋村民自治"工作格局。为管理好村集体资产，维护全体村民的合法权益，战旗村组建村集体资产管理公司，制定严格的管理制度，用利益链接的办法调动入股村民人人参与管理、监督，保障村集体资产管理安全平稳高效。探索建立起了与现行政权结构、社会结构、经济结构和组织体系相适应的产村相融的基层治理体系。2018年，战旗村党总支进一步修改完善《战旗·村规民约十条》《村民小组管理办法》《社区治理十条》《城乡环境治理十条》《战旗村景区管理办法》《"战旗"品牌使用及共享机制》《战旗村乡村振兴三年行动计划》等制度，并加强解读培训，确保了工作有章可循，有条不紊。

第二，深入实施"制清单、晒清单"制度。战旗村建立了党组织和党组织书记党建责任清单，全面接受党员和群众工作监督；试点推行村级小微权力清单制度，梳理村级微权力事项，形成微权力清单，促进依法阳光用权；按上下半年各一次，梳理村党总支部和各支部工作任务成效清单并进行公开公示，接受群众"阅卷打分"。通过"清权""晒权""束权"，细化明确村（社区）干部权力"边界"及决策程序，与村警务室、法律援助室、党员工作室共建法治信访中心，"法治大讲堂""法治坝坝会"，编演法治文艺节目、张贴宣传画、设置法律咨询机器人、落实"一村一法律顾问"、发动群众举报邪教人员的非法活动等形式不断推进基层法治建设。

提升乡村德治水平

一是塑新民，育人才。战旗村借助乡村振兴培训学院、村民讲习所等平台，邀请领导干部、专家学者集中对村干部、广大村民进行教育培训，切实提高干部群众推动农村改革发展的能力和素质。大力实施村民艺术素养提升行动，推进"战旗飘飘"等文化综合体建设，提振农村精气神。与此同时，持续开展"我为战旗增光彩、大学生进农家"活动，推行"村+社会组织+社工+志愿者"模式，畅通智力、技术、管理下乡通道，努力汇聚各方力量，为乡村振兴提供强有力的人才支撑。

二是听声音，共议事。村党总支部邀请了乡贤、"土专家"、村民代表等，召开座谈会、坝坝会30余次，听取村庄发展、治理的建议意见；开展"三固化、四包干"工作，收集并落实建议意见24条。村党总支部把干部进院入户"听民意、了民情、化民怨"作为常态，把"听得懂农民语言，懂得与农民打交道"作为干部基本能力要求。

三是评典范，树新风。通过专项评优选能和年末评选"十佳"树立典范，对党员、干部和群众进行正向激励，形成比学赶超的良好氛围，激发全体干部群众干事创业的激情。2018年，战旗村党总支部组织评选新乡贤7名，并通过了市、区"三美示范村"的评选；组织实施评选"十佳党员、文明家庭、文明户、好公婆、好儿媳、村民小组长、十佳院落"等20个"十佳先进"，以此树立榜样和文明典范，并积极进行宣传，传播正能量，激发和带动更多的干部群众积极投入到战旗乡村振兴各项建设中来，形成了人人创先争优、乡风文明的良性循环和积极干事创业的新道德风尚。通过广泛开展乡村道德评议、心理辅导、"善行义举"推荐等工作，创建群众纠纷评理团、村级心理辅导站等推动社会共治，推进基层德治。

总之，战旗村之所以能够持续稳健发展，能够走在乡村振兴道路的前列，关键在于各个发展时期都有一批励精图治，真抓实干的党员干部。他们不仅有情怀、懂经营、善管理，而且始终坚持加强村基层党组织建设，发挥党组织的政治引领和战斗堡垒作用，通过党建工作全面统领统筹全村发展的各项工作；始终重视坚持自治为基、法治为本、德治为先，把人民群众"支不支持、参不参与、满不满意"作为村集体改革发展的准绳，不断完善乡村民主治理体系，创新治理机制，通过集体协商、民主决策保障村民的选择权和决策权，进而开创了共建共治共享的新局面。

# 生活富裕

"生活富裕"是乡村振兴的民生目标,是乡村振兴的战略导向、落脚点和重要体现。2018年2月12日,习近平总书记在战旗村视察时强调,党的十九大提出实施乡村振兴战略,这是加快农村发展、改善农民生活、推动城乡一体化的重大战略,要把发展现代农业作为实施乡村振兴战略的重中之重,把生活富裕作为实施乡村振兴战略的中心任务,扎扎实实把乡村振兴战略实施好。

无论是过去,还是现在,共同富裕一直都是战旗人的梦想。修建新村时,第三任村书记李世炳带领全体村民探索共同致富的道路;改革开放初期,第四任村书记杨正忠带领全体村民大力发展村集体企业,为村集体经济发展奠定了基础;在发展"企业+农户"的产业化模式过程中,第六任村书记高玉春带领大家引进榨菜种植,提高全体村民的经济收入;新农村建设时期,第七任村书记李世立推动土地流转,带领村民探索集中居住模式,彻底改善了全体村民的居住条件。

土地制度改革三项试点工作推进和乡村振兴战略实施新时期,战旗村在第八任村书记高德敏的带领下,坚持以农业供给侧结构性改革为主线，深入贯彻落实农村集体产权制度、耕地保护补偿制度、农地流转履约保证保险制度、集体资产股份制和农村产权交易等"五项制度改革"，敲响全省农村集体经营性建设用地入市"第一槌"；创新土地经营模式，推动资源变资产、资金变股金、农民变股东，实现资本下乡、人才进村和市场主体再造。以围绕服务"大农业"、推进产村融合为发展思路，通过改善村民人居环境，提高房产价值；完善公共服务和社会保障体系；增厚农民股金，创造就业岗位；农文旅商融合发展，助推"创业经济"；创新土地入市增值分配方式，兼顾当前增收与长期发展，带领村民走共同富裕的道路。

高德敏书记这样说道："我们村一直以来坚持抓党建，强基础。党总支抓集体经济发展，带领村民走共同富裕的道路，村民充分享受到了集体经济给大家带来的实惠，对我们党总支更加信任，对我们工作也更加支持了，我们工作起来也更加有底气了。我们非常重视农村改革工作，我们也尝到了改革的甜头。"2016年，战旗村集体资产达到2500万元，集体经济收入350万元，村民年人均纯收入达22300余元。2017年，村集体资产增至4600万元，集体经济收入达462万元，村民年人均纯收入26053元，相比2015年提高了4000多元，高出全区平均水平1993元，高于成都市平均水平5755元，比省内农民平均收入高出13826元，超出全国农民平均收入12621元。2018年，村集体资产进一步增加至5700万元，经济总产值近3亿元，集体经济收入520万元，村民年人均纯收入提高到28600元，同比2017年增加10%，比2012年增长近80%。2019年，村集体资产达到7010万元，集体经济收入610万元，村民年人均纯收入3.24万元。2020年，村集体资产共计7010万元，实现集体经济收入621万元，村民年人均纯收入提高到3.24万元。

农房增值，权能活化

2007年始建，2009年建成入住的战旗村新型农民集中居住社区，使村民告别了传统散居的农家院落，住进了环境优美、生活便利的新型社区。战旗村在社区内配套了各种公共基础设施和便利设施，在保障和提高集中居住的农民生活质量的同时，也为乡村旅游、商贸、服务等新产业的发展提供了基础条件和商机，这些反过来也促使农民的房产价值得到进一步的提高。如今，战旗村社区的乡村别墅房产价值已接近1万元/平方米。

不仅如此，农民在利用拆旧补偿购买或分配指标置换住房后，可获得农村不动产的确权证，使其拥有与城市房产相同的产权登记、金融抵押等市场化流转权能。村民朱建勇从"战旗村蔬菜专业合作社"取得31.8亩流转土地经营权，成立"晨曦家庭农场"。面对10万元资金缺口，朱建勇将其173平方米农房进行抵押融资贷款15万元，用于发展蔬菜种植销售、采摘观光等产业。

配套公共服务设施，完善社会保障体系

2010年战旗村被郫县县委、县政府确定为村级公共服务和社会管理改革试点重点推进村，要求以农民需求为导向、以政府为主导，通过多元化供给结构，构建政府、市场力量、社会力量、村民等多元主体共同参与的社区公共服务体系。如今，战旗村基本公共服务制度建设已取得显著成效，县乡政府支持，市场主体介入和村两委落实的多元化公共服务体系雏形已现，涵盖教育、医疗、公共卫生、养老与社会保障等诸多方面。

战旗村将通过农用地流转、集体土地入市及集体资产市场经营获得的部分增值收益用于村民的社会保障支出，用以购买基本医疗保险、养老保险及为特殊困难农户提供社会救助。早在农业股份合作社成立之初，战旗村就为年满60周岁以上的老人每月发放50元养老补助，并由集体出资为每位社员购买农村新型合作医疗保险。随着集体经济的发展壮大和土地经营收益的增加，战旗村免除了村民的物业管理费，并为村民购买医保提供大部分补贴，为60岁以上的老人每季度发放300~900元不等的补助金。此外，还参照"精准扶贫"模式，按照"不落下一个，实现户户高标准奔小康"的目标，落实"一户一策一帮扶"的措施，加大对困难群体的帮扶力度，将全村低保户7人，残疾32人，院外五保户1人全部纳入村干部一对一帮扶范围。

战旗村还坚持以城市公共服务理念完善乡村公共服务，针对企业和创业者在教育、就医、民生事项办理等方面的顾虑，实施公共服务优质均衡工程，推动高品质公共服务向乡村延伸。如今战旗村及其周边已配套有区第二人民医院、小学、幼儿园等功能性设施。不仅如此，战旗村还积极探索"互联网＋政务服务"模式，推行政务"微服务"，实行"养老保险年审"等民生事项网上办理。设立了战旗便民服务中心，可办理社保等事项116项，而且配套了便民服务终端，实现"一门式办理""一站式服务"；探索开展"点对点"居家养老、托幼托老等个性化服务，配套了卫生站、文化活动室、农民夜校、农家书屋、警务室、便民超市等生活设施，形成15分钟公共服务圈。

## 产权变股权，村民变股民

战旗村建立了规模化经营农用地的农业股份合作社和经营管理集体资产的资产管理公司，实现"产权变股权，村民变股民，资源变资本"，入股村民因此获得股金分红，获得稳定持续的收入。

2006年，战旗村全村入股的农户土地股本共1760亩（每亩土地按720元折价入股），同时村委会注入资金50万元，共同组建了战旗村农业股份合作社，实现土地的集中和规模化经营。合作社的收入由土地租金和自行经营收入组成，用于支付农民分红。入股农户每年获得720元/亩的保底分红，其中土地的租赁价格随行就市，每年进行调整。2012年保底分红已从720元/亩上涨到1200元/亩，超出保底分红部分的50%用于二次分红。不仅如此，农业股份合作社使农户从土地上解放出来，进入园区成为农业产业工人，获得务工收入。

2011年，战旗村开展集体产权制度改革，通过清产核资、确权确股、股份量化，以及集体成员和集体资产的"双固化"等多项措施，在此基础上建立村级资产管理公司，对集体资产进行管理运营。同时完善企业产权制度和法人治理结构，建立现代企业管理体制，采取入股、租赁、承包、托管等方式，利用集体资产实现多种形式经营，形成有特色的产业集群，将资源优势转化为产业优势，进而推动农村产业的发展，壮大集体经济。村集体所获的土地增值收益归入村集体资产管理公司，进而增厚了农民的股金，增加了农民作为股东的分红。2016年，战旗村村民人均分红有1000多元，到2017年这个数字增长至1700元。

## ◎战旗村的农业合作社◎

2006年，为实现土地经营规模化，战旗村计划引导村民以土地承包经营权入股、村集体注入资金的方式，组建战旗土地股份合作社，但由于政策不允许注册为土地股份合作社，因此当时并未注册。2007年，由6家蔬菜种植大户和成都中延榕珍菌业有限公司发起，战旗村两委按照当初组建土地股份合作社的方式，创办了"郫县战旗村金针菇专业合作社"，并于2008年11月7日正式注册，注册资金为10万元。2009年8月26日，为贯彻落实郫县县委、县政府《关于推进农用地向规模经营集中，促进农业产业化快速发展的意见》，同时也为了更合理、规范、有效地利用土地资源，促进农业产业快速发展，增加农民的经济收入，战旗村在"郫县战旗村金针菇专业合作社"的基础上进行改组,组建了"郫县唐昌镇战旗蔬菜专业合作社",并于2009年9月2日完成了注册更名。专业合作社按照依法、自愿、有偿的原则,跨村推进土地向规模经营集中,并建立了现代农业产业园。截至2010年12月,蔬菜合作社共有农户495户,社员1551人,集中土地1820余亩。其中,流转给种植大户土地1420亩,合作社直接经营土地320亩。2010年合作社投入固定资产149.8万元,实现营业收入147.18万元,每亩月平均收入4597元。2010年,合作社流转土地1420余亩,租金收入187万元。

2013年,为达到国家级示范社的申报标准,战旗村蔬菜专业合作社注册资金变更为106万元,包括村委出资的50万元和以土地入股折算成的资产56万元,并选出104名村集体成员代表。2014年8月,郫县发布《战旗村农用地股份制合作试点工作要点》,要求修改完善合作社章程,重点增加承包农户以土地承包经营权入股合作社后土地股份的设置办法、股权管理、股权收益分配办法等内容。因此,战旗村于2014年8月28日成立了土地股份合作社,但村内实际运营的合作社依旧主要是蔬菜合作社,土地股份合作社并没有实质性业务。2017年10月27日,"郫县唐昌镇战旗蔬菜专业合作社"又随着行政区划更名而改为"成都市郫都区战旗蔬菜专业合作社"。

战旗村的农业合作社扮演着多重角色。一是土地经营管理者,对接种植大户、外部农业企业,将土地成规模地流转出去,降低投资者对接众多小农的交易成本,发挥土地规模利用优势。二是种植品种协调者,控制园区种植品种的选择,避免形成恶性竞争。三是很好的融资平台,可以承接农业方面的政策补贴,节约村上的发展资金。除此之外,还是农业政策的实施机构或中间机构。

2006—2007年,合作社每年付给农民的土地保底租金为720元/亩;2008—2010年增长至每年800~900元/亩,而当时其他村庄普遍是

600~700元/亩；2011年再次上调到了1200元/亩，此后基本不变，并固定于每季度末15号之前发放本季度租金。除了保底租金外，次年1月还会发放上一年的分红。2010—2012年村民每人分红200元，2013—2014年为300元，2015—2017年为350元，2018年为400元。

**参考资料**：屈锡华、胡雁、李宏伟等：《战旗村变迁纪实录》，四川大学出版社，2014年；董筱丹：《一个村庄的奋斗（1965—2020）——中华民族伟大复兴的乡村基础》，北京大学出版社，2021年；屈小博、程杰等：《城乡一体化之路有多远——成都市郫都区战旗村》，中国社会科学出版社，2019年。

### 创造就业岗位，提高非农收入

截至2018年，战旗村共有各类经济组织16家，总资产达到2.45亿。其中中延榕珍菌业、蓝彩虹等民营企业12家，经营范围涉及生态农业种植、食品加工、花卉园艺、印务包装等。村集体企业4家，包括成都集凤商务有限公司、四川花样战旗旅游景区管辖有限公司、战旗蔬菜专业合作社和村集体资产管理有限公司。总体来看，16家经济组织均为涉农组织，其产业涵盖种植业、农业加工业、农业服务业和旅游业。

随着外来工商资本和本地农业集体资本规模扩大，发展新产业新业态后形成产业集聚，创造了更多的非农就业机会，促进了农民收入结构的多元化。农业产业发展实现培育专业大户30余户，500余名村民在家门口就业，全村劳动力转移就业率达98%以上，总体就业率达99%以上，实现了劳动力从自耕自种向产业工人转变。农民收入结构发生了重大变化，改变了过去以务农收入为主的单一收入来源，实现了收入的多元化。战旗村农民年人均纯收入由2007年建设现代农业产业园之初的5750元大幅增长到2011年的12320元，增长114.3%，其中务工收入9856元，占80%；经商等其他收入1232元，占10%；入股保底收入及二次分红906元，占7.4%；从事蔬菜种植等家庭农业收入322元，占2.6%。仅农业产业园引进的中延榕珍菌业有限公司一家企业，就提供了近400个工作岗位，90%的员工都是战旗村和周边村子里的村民。返乡大学生杨益明组建成都益家花境园艺有限公司，开展鲜花种植、线上销售等业务，苗木种植达300亩，实现年产值200万元以上，带动周边村民40～50人就业，村民增收达4万元。截至2018年，战旗村16家各类经济组织吸纳长期职工800余人，其中本村职工接近400人。为了进一步提升村民的就业能力，战旗村还对已在当地榕珍菌业、满江红调味品公司等企业就业的村民，开展员工在岗提升培训，提升他们的团队意识和职业素养，促进稳定就业。

**推动村民创业，发展"创业经济"**

培育新业态，拓展创业"新空间"。战旗村通过集体建设用地入市、宅改腾退、宅改入市等方式，积极培育新产业新业态。从引进食用菌生产、农副产品加工等多家企业，到引入"互联网＋共享农业"互动种养平台等新业态；从建成绿色有机蔬菜种植基地、特色花卉种植基地，到成功创建"第五季·妈妈农庄"；从形成以草莓采摘、蓝莓采摘等项目为主的休闲观光农业发展格局，到建成"第五季·香境"特色商业街和"乡村十八坊"等乡村旅游综合体项目，新产业新业态的发展为战旗村带来了巨大的商机，吸引了一批人才下乡投资、村民就近创业。

战旗村先后引入"京东云创""人人耘"等具有影响力的互联网载体平台，引导榕珍菌业、蓝莓基地等企业逆向创新创业。结合"一村一大师"工程，吸引高校师生参与村经济社会发展，帮助设计杨姐狗蹄粽、绣面布鞋、战旗小酒产品等，扶持推动创业项目做大做强。依托乡村振兴培训学院，战旗村开展花艺、电商等各类培训，建立与成都技师学院协作办学机制，设立了战旗村农民夜校，引入富士康"富学宝典"平台植入夜校网络平台，采取订单式制作课程，分行业分工种为本土和外来创业者培训，组织实施农业双创、特色餐饮等培训，已累计帮助130余户农户自主创业。

◎杨姐狗蹄粽◎

现在的战旗"狗蹄粽"，已经成为战旗村一张美食名片，它的创始人是村民杨开琼。适逢战旗村开展"创业＋技能"特色培训班，杨开琼参加了特色餐饮技能培训。在学习过程中，她联想到自家祖传的包粽子手艺，认为自家包的粽子与众不同，配方独特，且外观形同狗蹄，很有特色，于是产生了创业的想法。在和创业导师交流沟通后，将自家传统特色粽子正式命名为"战旗狗蹄粽"，郫都区人社局联系广告公司为她免费设计了品牌LOGO、外包装、微信推广、宣传海报等，并安排餐饮授课教师为粽子口味进行改良升级。目前，杨开琼在战旗村核心区域租了1间铺面，办理了营业执照和食品许可证，从家庭式小作坊正式转变为创业实体，月收入5000元以上。郫都区人社局将她的创业案例纳入高校创业培训班作为教学案例，成都电视台等多家媒体对她的典型事迹进行了专题报道。

**资料来源**：蔡昌林、廖纳：《郫都区：盘活乡土人才助推乡村振兴》，《四川劳动保障》2019年第3期。

与政府合作，开办特色技能培训班。2018年年初，战旗村两委配合郫都区人社局开展了大量走访调查，了解战旗村劳动力的文化程度、培训意愿和就业方向，摸清了村民的培训需求，分类建立台账；成立了以就业局长为组长，相关科室负责人为成员的"战旗村就业创业培训工作组",并细化形成了《关于对战旗村开展技能培训的工作方案》；深入宣传社会保险、医疗保险、就业创业等人社优惠政策，开展城乡居民养老保险政策解读、促进就业创业优惠政策解读等人社局政策讲座3期，累计培训158人次；组织村民现场实操、参加培训观摩和政策解答等互动交流活动，让村民知晓政策，厘清意愿，乐于培训。

为了促进乡村旅游业的发展，战旗村组织了"乡村旅游引导性培训班"，以接待礼仪培训、特色小吃开发、特色菜品制作为重点内容，提高战旗村餐饮旅游从业者的接待水平、文化素养和专业技能，再结合战旗村打造"林下经济"的工作思路，以有意愿创业的村民为重点，举办"创业＋特色餐饮培训班"，成功组织开展了先缴费后申报培训补贴的"个人直补"中式烹饪培训班。学员系统学习中式烹饪15天，在经统一考核后可考取烹饪技能等级证书。2018年以来，战旗村组织特色技能培训班3期，培训村民144人，其中乡村旅游培训80人、创业＋特色餐饮技能培训40人、"个人直补"中式烹调培训班24人。

**◎黄姐家常菜◎**

黄学兰夫妇原本在战旗村经营着一个简陋的小面馆，生意冷清、勉强维持。2018年4月，黄学兰夫妇两人报名参加了由郫都区人社局举办的"中式烹饪短期培训班"，在授课老师的肯定和工作人员的鼓励下，将自家的小面馆拓展为餐饮小店，命名为"黄姐家常菜"。走上正常经营轨迹后，区人社局工作人员和授课教师经常到黄学兰家进行后期走访，及时了解经营状况，授课老师还对菜品开发、品味提升提出新建议。目前，"黄姐农家菜"在战旗村已小有名气。"要不是受他们（农民夜校的培训老师）鼓励和帮助，根本想不到会有今天这样的发展"。

**资料来源**：成都市郫都区人社局：《建设群众满意人社公共服务体系》，《四川劳动保障》2018年第12期。

探索创新村民创业服务渠道。战旗村引导村民通过电商平台创业，开展"走进互联网电子商务"专题培训班，邀请郫都区高校的专业教师为学员讲授电子商务、微店运营相关知识和技能，在战旗村兴起"微创业"热潮。通过创业导师制定针对性的课程方案，开展创业意识培训，重点帮助学员分析创业形势，选择创业领域，开展创业案例分析。战旗村还安排创业导师与创业村民签订"创业一对一"帮扶协议，及时帮助创业者解决创业中遇到的困难，规避创业风险。战旗村还积极探索将自主创业项目和区域内高校创业资源有机结合的服务模式，引导村民自行选择与高校导师、创业团队合作开展项目计划书的制定和创业项目推送等，促进成功创业和高质量创业。目前已有47人次的战旗村劳动者参加了创业意识引导培训，13名优秀学员已实现成功创业。

## ◎唐昌布鞋◎

"总书记都买了我们的布鞋哦！"谈起习近平总书记来战旗村视察时购买唐昌布鞋的情形，"唐昌布鞋"的传承人赖淑芳大姐历历在目，无比自豪。作为成都市非物质文化遗产的"唐昌布鞋"，千层底儿，棉布面儿，经过打布壳、裁剪、制帮、烘烤定型等32道工艺制作而成，有着耐磨、吸汗、环保等优点。然而，谈及700年的技艺传承历史时，赖淑芳颇有感慨。几年前，她也曾像许多老手艺人一样，担心"后继无人"，甚至有关掉鞋店想法。2015年和2016年，"唐昌布鞋"被列为县级、市级非遗项目，赖淑芳开始会同成都纺织高等专科学校的专家，从制作流程、工艺特色、品牌包装等多方面进行改进和完善。在初步完成唐昌布鞋培训教程的前期制定工作后，赖淑芳又积极争取市人社局的支持，按市级技能大师工作室标准，完善了技能大师工作室建设申报工作。2018年3月，战旗农民夜校开设"唐昌布鞋专项技能培训班"，本村及邻村的几十名居家妇女和残障人士参加了培训，在实现就业的同时，也成了传承传统文化的手艺人。如今，"唐昌布鞋"已不仅是一门手艺，更成为战旗村的一项产业。

资料来源：蔡昌林、廖纳：《郫都区：盘活乡土人才助推乡村振兴》，《四川劳动保障》2019年第3期；《战旗村手艺传承人赖淑芳：总书记花钱买了我做的布鞋》，成都商报，2018-02-14。

◎蜀绣◎

2013年战旗村成立蜀绣合作社，对本村及周边村的妇女、残障人士进行蜀绣技艺的培训，让他们在农闲、旅游的淡季进行生产，如此不仅可以照顾家庭，也能增收。28岁的张勤是战旗村本地人，5年前通过加入合作社接受培训，现在她已是一位蜀绣绣娘。2018年2月12日，在习近平总书记考察"精彩战旗"展览区域时，张勤向习近平总书记现场演示蜀绣的技法。习近平总书记参观了蜀绣商品，并指出传统文化作为产业发展大有可为。像张勤这样的绣娘在战旗村有30多位。

资料来源：《总书记战旗村里赞"蜀绣"》，成都党史网，2018-03-16。

吸引"新乡贤""新村民"返乡创业。战旗村发挥郫都区农业专家大院专家库、乡村振兴专家智囊团等的优势，与省农科院、省林科院等院校合作"以才招才"，吸引聚集农业专家、企业科技人才、农业职业经理人等76人，夯实创业投资的技术、智力等支撑。探索"高校+支部+农户"机制，连续13年开展"大学生进农家"活动，鼓励引导专家学者、在校大学生等群体投身农业农村成为"新乡贤"，推动返乡创业者成"领头雁"、外来投资者成"新村民"，让人才有获得感、归属感。2018年，吸引返乡大学生和创业人才120余人，创办农业企业和合作社 30 余家，新增市场主体约 80 个。

### ◎秦强◎

"习近平总书记在战旗村考察时对我说，要鼓励村民用好互联网，打开产销路子。""人人耘""互联网＋共享农业"互动种养平台创始人秦强表示，"总书记的话给了我莫大的鼓舞，我一定会用自己的微薄力量助力乡村振兴。"

秦强是"80 后"，在巴中山区长大。2015 年，他从世界 500 强甲骨文公司辞职后，选择把事业扎根在农村，第一个基地就建在战旗村。在战旗村的大力支持下，秦强仅用 3 个月就完成了土地流转、基础设施建设、水电补贴等创业筹备工作。"人人耘"互动种养平台涵盖农场服务、牧场服务、果园服务、精准扶贫几个板块。市民通过这个平台不仅可以认领一块属于自己的土地，种植巧克力草莓、菠菜、紫土豆、小白菜等多种蔬果，还能通过平台直接认购黑鸡、藏香猪等肉禽类产品。平台建成后仅半年，就在四川发展了 12 个种养基地，平台注册用户达 2 万多名，每天都有定制化的订单通过该平台下达，推动城市居民与贫困户通过认养、按需种养的方式，带动 300 户贫困户增收。

资料来源：《战旗村"取经人"：不同的经历 相同的事业》，红星新闻网，2018-03-06。

### ◎李宗堂◎

李宗堂，郫县唐昌镇人，成都中延榕珍菌业有限公司法人代表、总经理。李宗堂1983 年投身菌类产品的种植和研究，有着 26 年食用菌的种植经验，在国内食用菌行业享有盛誉，先后荣获全国农村青年创业致富带头人、四川省优秀人才、四川省十大杰出青年农民、成都市优秀青年等称号。

2007年，李宗堂在郫县唐昌镇战旗村、金星村实地考察后，投资创建了成都中延榕珍菌业有限公司，专业从事食用菌产业化开发，集生产、加工、贸易于一体。战旗村对榕珍菌业项目给予了大力支持，村党支部组织党员给群众开大会、讲规矩、说要求，配合企业的落地和管理。

李宗堂在战旗村探索出了"公司＋协会＋专业户＋农户"的模式，并推动建立唐昌镇菌类协会，推广先进的生产技术，发展和帮扶专业户生产经营。同时，榕珍菌业吸收失地农民进企业，帮助和促进农村劳动力转移，解决了100余名农民的就业问题，带动农民增收200万元。

李宗堂不仅培训企业职工，而且对唐昌镇的农民和慕名而来的种植户也给予免费培训。李宗堂于2009年开始举办"榕珍菌业生产大型科普培训"活动，参加人员达800余人，至2009年10月已举办了6次培训班，培训2000余人次。通过培训，企业的示范作用得到了充分发挥，带动了唐昌镇46户农户220余人从事菌类生产，实现产值60万元。

2015年榕珍菌业的产值达到1个亿，李宗堂在邻近的平乐村创办了成都汇菇源生物科技股份有限公司，将"战旗模式"拓展至平乐村的菌菇种植基地。

**资料来源**：《战旗村"取经人"：不同的经历 相同的事业》，红星新闻网，2018-03-06；董筱丹：《一个村庄的奋斗（1965—2020）——中华民族伟大复兴的乡村基础》，北京大学出版社，2021年。

**创新入市增值收益分配方案　兼顾当前增收与未来发展**

2015年，战旗村实现了首宗四川省农村集体经营性建设用地入市，显化和提升了农村集体经营性建设用地的价值。面对入市所获的巨大收益，如何进行分配，直接关乎村民当前的收益、今后的土地流转意愿、村集体经济的可持续发展，以及村民的长远生计。为此，战旗村通过实践的摸索，在固化成员资格的基础上依据民主协商，创造性地提出了收益分配的"二八原则"。

战旗村按照用地区域位置、区位条件、使用方向等制定调节金缴纳比例，第一块集体经营性建设用地入市出让征收调节金由受让方以总价的15％作为价外款进行缴纳。获得出让收益款后，扣除土地整治成本和入市成本之后，为了避免土地收益被分光、吃光，做到既兼顾村民的当前增收，又保障长远生计，战旗村坚持"自主决策、着眼长远"，按照"二八原则"比例对入市土地增值收益进行分配，其中20％现金分配给1704名集体经济组织成员，余下的80％作为集体公积金和公益金：50％作为唐昌镇战旗资产管理有限公司的公积金，用作村级资产再投资和公共资源配套优化，年终进行股利分红，另外30％作为公益金，用于村级公共福利、统缴社保、公共基础设施维护等。按照"二八原则"，战旗村入市的第一宗农村集体经营性建设用地，面积13.447亩，土地收益705.97万元，扣除各类成本后净收益443.05万元，村民股东现金分红88.61万元，人均增收520元；剩余部分作为村集体经济组织收入计入，实现成员每股增值2600元，如图1所示。

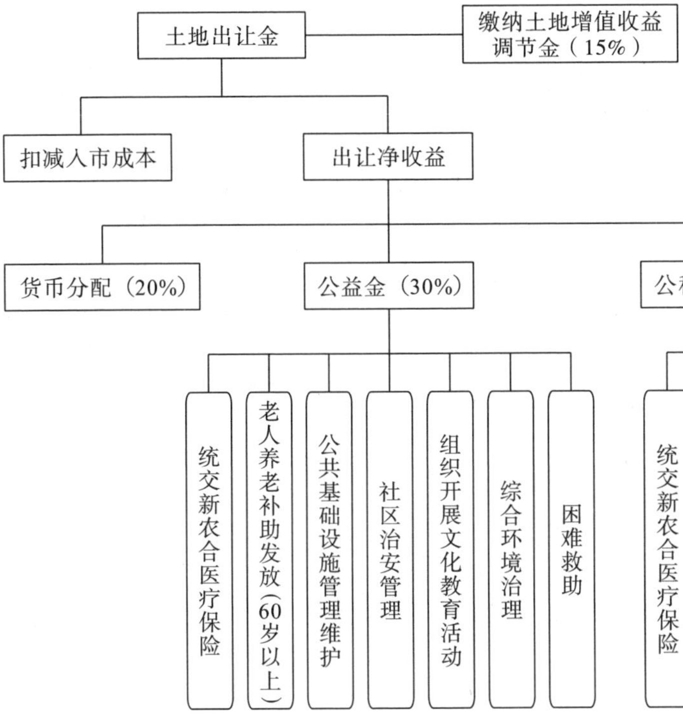

图1 战旗村集体经营性建设用地入市增值收益分配构成

战旗村这一制度创新,不仅增加了村民土地入市的现金分红,而且使闲置的土地得以变为要素、资源、资产和股份,强化了农民土地的财产权属性,保障了土地权益价值的实现,拓宽了农民的增收路径,使农民获得土地发展红利。郫都区国土资源局在战旗村实践的基础上,将这一原则提炼总结成为全区农村集体建设用地入市增值收益分配的一项制度设计,在其他试点村推广,并作为实践成果上报了国家相关部委。截至2018年8月,郫都区共有42宗地共542.25亩入市,总价款38460.5万元,政府从中获得土地增值收益9085.7万元,其中增值收益调节金8083.4万元和与契税相当的调节金1002.4万元;扣除政府土地增值收益,按照"二八原则"计算,村集体和农民分别获得土地财产性收益23499.8万元和5874.9万元。

## 第三篇 启示

被习近平总书记寄予"走在前列，起好示范"嘱托的战旗村，在几十年的发展历程中，逐步探索形成了实现乡村振兴的发展模式。"战旗村模式"因其历史积淀、地理条件、自然资源、村貌民情、乡土文化等因素而具有自身的特点，不一定能成为其他地区、其他类型的农村实现乡村振兴的模板。但战旗村的案例的确生动而清晰地呈现了一个普通村庄实现改革兴村的历史道路。因其"普通"，所以才更可能揭示实现乡村振兴所必须具备的核心要素。因此，对"战旗村模式"的研究对普通农村实现乡村振兴具有重要的参考价值。"启示篇"总结提炼了战旗村实现乡村振兴的十大发展经略：扣准政策发展脉搏、基层党建领航改革、创新村级治理体系、集体产权制度改革、释放土地利用权能、发展壮大集体经济、"多规合一"村庄规划、农文旅一体"大农业"、村精英与职业农民、自主自助自创精神。

# 与时俱进：扣准政策发展脉搏

政府主导下的社会治理形态是中国特色社会主义制度一大特点，党和国家的宏观政策形塑着经济社会各个领域的基本格局，对于"三农"也不例外。党和国家有关"三农"问题的全国性发展战略和政策举措是指引各地"三农"工作的根本依据，是农业农村农民发展趋势的风向标，同时也确定了一段时期内与政策利好相关的权威性资源和实质性资源流向的重点领域，因而是基层政府和村集体进行规划、发展、治理最重要的参照标杆。例如，中央自2004年开始连续18年聚焦"三农"问题，明确了"三农"工作是较长一段时期内中央到地方各级党委政府工作的重中之重，同时也为农业发展、农村振兴和农民增收带来了机遇。因此，对于普通农村而言，每个时期紧跟政策走向，扣准政策发展脉搏，充分利用改革利好，制定适合本村村情的发展规划和路径，才能获得内生发展的动力，真正实现乡村振兴。战旗村的发展历程印证了这一点，见表1。

表1 "三农"领域的宏观政策与战旗村对应的发展举措

| 宏观政策 | 战旗村对应的发展举措 |
| --- | --- |
| 1964年中央领导人号召"农业学大寨" | 1968年村书记赴大寨学习归来，花十年时间进行土地"条田化"改造 |
| 1978年12月党的十一届三中全会作出改革开放的历史性决策 | 1979年以旧土窑为基础，成立第一家集体企业——机砖厂 |
| 1994年郫县开展股份制改革试点工作 | 1994年对5家村集体企业进行股份制改革，并在此基础上成立了"集凤实业总公司" |
| 2003年《农村土地承包法》明确规定了土地承包经营权的流转；成都市开始实施"三集中"城乡统筹战略 | 2003年"三分地集中"试验；2006年创建农业股份合作社，集中流转全村土地承包经营权 |
| 2005年10月党中央提出实施"社会主义新农村建设"战略；2006年成都市开展城乡建设用地增减挂钩试点和新农村建设示范点建设；2007年国务院批准成都成为全国统筹城乡综合配套改革试验区 | 主动承办郫县宣传部主办的"高校+支部+农户"活动；土地综合整治；修建新型农民集中居住社区；节余200余亩建设用地，打造现代农业产业园，引入家庭农场、龙头企业 |
| 2008年1月1日，成都市委出台"第一号文件"明确开展农村集体土地和房屋确权登记是改革的重点之一；2008年10月，党的十七届三中全会要求"搞好农村土地确权、登记、颁证工作" | 2011年开始集体经济股份制量化改革，对土地进行权属调整，完成土地确权颁证 |
| 2015年1月全国开始农村土地征收、集体经营性建设用地入市、宅基地制度改革试点工作；成都市郫县被选为试点之一 | 2015年9月完成四川省第一宗农村集体经营性建设用地入市项目，引入旅游公司，打造"第五季·香境"；打破行政村界限，规划"泛战旗村片区" |
| 2017年10月党中央提出实施乡村振兴战略；2018年2月习近平总书记视察战旗村，要求战旗村走在乡村振兴的前列、起好示范作用 | 2018年打造完全自主经营的"乡村十八坊"；2018年10月开始修建"乡村振兴培训学院"，2019年2月建成运营 |

理论上讲，全国性的宏观政策和制度设计对于所有基层农村的红利和机会都是相似的，但统一性的政策在各地基层农村发展实践中产生迥异的政策效果也是客观的事实。宏观的政府注意力（以宏观政策为其主要外化形式）确定了"三农"工作在国家发展战略优先顺序中的相对位

置，确定了注入"三农"领域的资源总量，但由于中国各地农村样态的多样性和发展的不平衡性，地方政府和基层政府往往在制定本地政策目标、实施路径和具体方法时有不同的侧重点和实施步骤。此外，中国的改革具有渐进性和增量性的显著特点，而农村改革往往涉及城乡之间、产业之间、"人—地—钱"之间复杂的关系，关乎几亿基层百姓的切身利益，因此政策实施过程中一般以试点入手，通过"点—线—面"的逻辑进路来逐步推广。这意味着，在一定时期，政府注意力及附着其上的资源是有限的。地方政府注意力如何分配，自身如何"被注意"，关乎其能否优先获得政策资源、抢占发展先机，这对于资源禀赋、环境条件、地理区位都缺乏比较优势的普通农村而言，尤为重要。涉及"三农"的政府注意力的具体分配除了受到地方政府和基层政府一定时期的公共治理目标、政绩偏好的限制之外，实际上也是各村集体对政府注意力展开竞争的结果。对于具有丰富基层工作经验和深谙乡土社会处世哲学的村干部而言，这一道理并不难理解，但在实践中并没有想象中那样容易。从战旗村的实践经验来看，这不仅需要领导干部具有准确把握政策走向的敏锐洞察力、对于发展重要节点的审时度势、积极主动的自主发展意识、敢于人先的改革精神、村庄内部的动员能力、外部资源的整合能力，而且还需要村庄通过长期的发展积淀可资挖掘的"亮点"。

战旗村在几十年的发展历程中不乏生动的案例。

为了改变村集体企业产权混乱、经营不善、集体资产流失的局面，2001年战旗村在新一届领导班子带领下，对村集体企业进行产权改制。通过专家授课、对经营者做思想工作、给予退出奖励、回购企业股份、清查问题账目、运用法律手段等方式，克服重重阻碍，最终将被私人占有的村企业重新收归集体。这一事件具有重要的意义：一是为战旗村未来的发展奠定了一定的经济基础。二是增强了村民整体的产权意识和对村集体经济的关注。三是提升了村两委领导的威信，为其今后处理村务以及实施各种战略规划打下了牢固的基础。

村集体收回村企股权之后，接下来就是谋求进一步的发展。村中事务千头万绪、琐碎繁杂，如何理出头绪，制订战旗村的发展规划，并不是一件容易的事。虽然如此，村两委领导却有一条始终坚信的真理："跟着中央的政策走，就不会错。""怎么样谋发展？我们的思路很简单，先研究中央政策。中央提出了'生产发展、生活宽裕、乡风文明、村容整洁、管理民主'的二十字方针，那我们就从这二十字方针入手。'生产发展、生活宽裕'主要指的是经济发展，'管理民主'是政治方面，这些方面的发展是一个长期的过程。但'乡风文明、村容整洁'可以在短期内得到改变，而且经过这几年的发展，我们村已经有了一定的家底，所以我们首先从这两条入手。"高德敏如是说。于是，战旗村对村道进行了整修，并将村委会大院附近的农房进行了整齐划一的粉刷、装修。这些外观上的"村容整洁"成为吸引外界，特别是地方政府官员注意的"亮点"，这一点在后来争取承办"大学生进农家"活动过程中得到了印证。

2006年，战旗村积极主动并且成功地承办了"高校＋支部＋农户"为特点的"大学生进农家"活动，成为当时吸引外部注意力，尤其是地方政府注意力的"爆点"。随着权威媒体的报道和各级政府领导的视察，战旗村的"乡风文明、村容整洁"的村庄面貌呈现于外，村庄发展历史进程中的民兵工作、学大寨、条田化改造、企业改制等"亮点"也被外界知晓。于是，村党组织的领导能力被认可，这不仅在微观层面顺应了国家"社会主义新农村建设"战略，而且也迎合了地方政府和基层政府需要在较短时间内树立典型的治理逻辑。在这一案例中，战旗村集体企业改制打下集体经济的基础、提升村干部的动员能力；紧跟"社会主义新农村建设"宏观战略，并结合实际找到切入口；抓住基层政府落实宏观战略的机遇，主动请缨，做出表率；在吸引注意力之后，趁热打铁，争取试点，把握政策利好，推动村庄下一阶段改革（土地综合整治和新型社区建设），生动而真切地展现了一个普通的村庄如何把握政策发展脉搏，因势利导，锐意进取，获得发展先机，也展现了宏观政策的注意力导向、地方政府的政策执行、村集体及领导干部之间的相互关系和行动逻辑是如何影响农村发展的。

战旗村发展的经验表明，对一个普通农村而言，紧跟改革步伐，把握政策发展脉搏，充分调动内部资源，主动顺应基层政府改革举措，敢于人先，积极利用各种相关政策的叠加效应，结合本村具体实践制订发展规划，才有可能获得村庄可持续发展的不竭动力。

# 领导核心： 基层党建领航改革

中国共产党是实现乡村振兴的领导核心，加强基层党组织建设，发挥党组织战斗堡垒作用是推动土地制度改革，实施乡村振兴的关键。土地是农民的命根子，是基本生活保障和可持续发展的基础，同时土地又对其他生产要素具有杠杆效应，加上土地类型的多样和权力束分割而形成的复杂的权利义务关系，使得土地制度改革"牵一发而动全身"。要有效推动农村各项改革，需要形成协调统一的集体行动，这需要通过沟通对话解放思想，制定规则消解集体成员疑虑，利益引导凝聚人心，进而统筹兼顾各方需求，合理权衡当前收益与未来发展。达致这些目标最可靠的组织保障就是基层党组织。

战旗村半个世纪的发展变迁历史完全印证了基层党组织在农村发展过程的主心骨作用。民兵建设、修建新村、兴办集体企业、村企改制、土地流转集中、土地综合整治、修建集中居住社区、集体建设用地入市，以及产村融合发展，每次改革无一不是在村党支部的坚强领导下完成的。在新的历史时期，战旗村构建以基层党建为保障、集体经济为基础、土地制度改革为抓手、村级治理体制为支撑、"三自"精神为灵魂，大力贯彻落实乡村振兴战略，在这一过程中，党群、干群关系越来越密切，中国共产党在基层社会的执政之基筑得更加牢固，农村内生发展动力得到进一步增强。

总之，战旗村从一个川西普通的小乡村发展成为中央最高领导人关注的"明星村"，从建村之初的"一穷二白"到如今走在乡村振兴道路的前列，关键是有一个强有力的基层党组织带领村民发展集体经济、走共同富裕的发展道路。战旗村的基本经验是：基层党组织顺大势、入潮流，传承延续开拓创新、锐意进取的精神，通过加强基层党组织设置，将党建嵌入村庄发展各项工作，增进党群关系、创新基层党员管理方式、提升基层党员服务能力。

一是基层党组织全面领导乡村振兴各项工作。把党组织嵌入各村民小组、合作社、资产管理公司、村企等集体经济组织，以及外来的龙头企业，从而将党建工作嵌入乡村振兴的各项工作，延伸到村民生产生活及各类经济组织的运营发展第一线。坚持以党建引领产业富民、改革兴村，打造"战斗的旗帜、坚强的堡垒"，坚持"组织建在产业上、党员聚在产业中、农民富在产业里"，党组织成为群众信赖的主心骨，"有事找支部、行动看党员"成为一种常态，全村上下形成一条心、拧成一股绳。

二是抓好党组织建设，构筑基层党建的"桥头堡"。深入分析基层党组织在村庄发展不同阶段的主要任务和工作重点，按照村社单位资源优势及村集体的共同需求，建立组织联建、资源联用、党员联管、信息联通机制，推进党建工作和村庄发展各项工作的有机衔接。完善党员的考核制度、选拔制度；完善党员的权利机制，确保党员的知情权、参与权、选举权、监督权得到保护和落实。

三是搭建党建平台，丰富党建形式，促进党群关系，改革过程让群众参与，改革成果群众共享。战旗村按照"双强六好"的要求，开展

"五星支部"的创建，举办内容丰富的"党员夜校"进行党员差异化培训，开展经验交流学习会，派人外出考察学习、借鉴经验，提升基层党员干部在改革过程中的工作素质能力，优化基层党组织的政治功能和服务功能。密切党群关系，增强党员和群众认同感，发挥平台在土地改革中的治理优势，使基层党组织进一步巩固。

四是抓好党员教育，疏通基层发展的"源头水"。通过开党课、学党史、开展学习教育，在固定党日和党员政治生日重温入党誓词，开展谈心谈话和志愿服务活动，增强基层党员队伍的认同感和归属感，使基层党员提高了政治自觉，强化使命担当。

五是提升村干部组织动员能力。无论是土地制度改革，还是乡村振兴战略的实施，都涉及资源的配置和利益的分配，涉及村集体资产的保值增值，涉及村民群众的当前生产生活和长期生计，因此能否获得村民的支持，决定了乡村振兴各项工作的开展。此外，土地制度改革和乡村振兴战略是党中央在新时期关于"三农"的重大决策，其成效关乎村干部在当地的声誉和权威以及政治前景，这倒逼村干部和基层党员转变工作方式，加强组织动员能力。例如，为了推动集体建设用地入市和宅改腾退，以及修建集中居住社区，包括战旗村在内的各试点村在镇领导的带领下成立了由村干部、各社社长及党员组成的工作组，对村民进行多次动员，并且针对具体问题入户听取村民意见，积极做通思想工作。在这个过程中，村干部逐渐转变了工作作风，从原来按照自己对于农民需求的理解安排提供公共服务的做法，转变成由村民主动提意见提需求，村委会根据这些意见和需求进行调查，如果确定属于普遍性的意见和需求，则召开村民代表大会或户代表大会议决方案的细节。

# 民主基石：创新村级治理体系

创新完善村级治理机制，提高民主管理水平，是推动土地制度改革，实现乡村振兴的基石。农民是开展土地制度改革、实施乡村振兴战略的主体力量，而乡村振兴战略的出发点和落脚点则是尊重农民主体地位和保障增进农民福祉。为此，必须创新村级治理体系，完善议事机构和方法流程，提高民主管理水平，确保农民能积极充分地参与村庄公共事务的议事和决策过程，保障村民的知情权、参与权、表达权和监督权，及时消除疑虑、解决纠纷、防范"能人模式"可能产生的决策风险和"内部人控制"风险，进而确保村集体资产收益分配权、土地发展权得到实现，为推进乡村振兴各项工作创造有利条件。

## 搭建村民自治，协商民主实践平台

村庄规划、产权制度改革、集体建设用地入市、宅基地整理腾退、土地综合整治、集中居住建设和集体经济发展等一系列改革的实质是围绕村庄共同体而进行的利益调整，在实践中能否顺利推进，最终取决于是否获得农民集体的支持。由于乡村振兴的各项工作都与村集体的短期利益和长远生计密切相关，农民个体为了获得可支配的土地收益和更完善的农村基础设施建设及更优质的社会保障水平，会更加主动关心村庄公共事务，更积极参与相关事务的讨论和决策，表达自身的观点和诉求。为此，要搭建村民自治、协商民主实践平台，以自治协商方式实行集体内部事务的自我决策、自我管理。村民自治、协商民主基本的运行方式是：村委会就村内重大议题集中村民组织召开大会协商讨论，各村民或村民代表表达各自诉求与偏好并形成不同意见，各方说服对方实现偏好转换，最终达成决策共识。

战旗村在每个发展阶段都将村民自治、民主管理作为土地改革和村庄建设的基础，并探索出了一套行之有效的治理机制。早在2006年，战旗村在制定实施方案、公共服务专项资金规范使用等村级公共服务和社会管理工作中，就总结出了"宣传动员、收集民意、梳理讨论、决议公示、实施监督、评议整改"的"民主管理六步工作法"，并在新型社区分房和成立社区管理委员会等实际工作中推广运用。2009年，战旗村开展了创新农村治理结构试点工作。通过民主选举方式，建立了村决策机构和监事机构，初步构建起了村级决策、执行、监督相对分离、相互制约的组织体系。由全体村民用票决的方式通过了村民自治章程以及村民议事会议实施细则等各项制度，制定了村集体经济发展规划，实现了村民会议、户代表会议、村民议事会议"三会"制度，并建立和完善了集体经济组织独立法人治理结构，使经济组织真正成为产权明晰、权责明确、管理科学的法人实体和市场主体。之后，在此基础上，战旗村进一步创新完善民主治理机制。一是将"六步工作法"作为村级会议民主议决制的基本方法。二是创新"四议两公开一监督"的做法，即"村级重大事项由村党支部提议、村级组织联席会商议、村党代表会议和村民代表会议或村民议事会决议，决议事项和实施结果公开，村务监督委员会全程监督"，实现了村级事务的民主化管理。在村民民主决策、民主管理的保障下，战旗村顺利完成了土地确权颁证、土地综合整治、村民集中居住社区建设、农业股份合作社创办等一系列村庄发展的重大事件。

自2015年开始三项土地制度改革，战旗村与时俱进，又一次创新了农村基层治理机制。一是健全民主管理机构。为确保农村土地制度改革稳妥推进，创立"四维模式"农村基层治理模式。"四维模式"即"党建保障＋法治思维＋民主决策＋利益引导"乡村治理机制，以党支部为战斗堡垒和政治方向，以村民代表大会、村民议事会、村务监督委员会为组织形式，以村民委员会为执行机构，以村庄规划为发展指引，推动固化集体土地和成员。

进入乡村振兴战略实施的新时期，战旗村将基层民主治理延伸到村庄发展的各个方面，形成了"产村相融""三治合一"的新型治理机制。一是构建产村相融的基层治理体系。坚持"先说断后不乱"，先依法制定规则，再推行资源、资产、资金依规盘活流通，构建村"两委"、集体经济组织、农业合作社、专业协会的多元共治＋村民自治工作格局。为管理好村集体资产，维护全体村民的合法权益，战旗村组建村集体资产管理公司，制定严格的管理制度，用利益链接的办法调动入股村民人人参与管理、监督，保障村集体资产管理安全平稳高效。探索建立起了与现行政权结构、社会结构、经济结构和组织体系相适应的产村相融的基层治理体系。

## 提高农民组织化程度

战旗村乃至郫都区的发展经验表明：利用国家农村经济制度改革，尤其是土地制度改革的契机，在村两委的领导下，形成组织化的农民集体，是实现乡村有效治理的基石。

一是创新集体经济组织，增强村民的利益链接。战旗村通过土地综合整治实现了土地集中和流转，创建土地专业合作社，农民以确权颁证后的承包地作价入股，参与集体土地运营管理，之后，借助乡村振兴战略及土地制度改革等重要政策利好创新集体经济组织，实现村民的经济活动组织化。包括战旗村在内的郫都区各试点村为了推行集体经营性建设用地入市，创建了新的经济组织——集体资产管理公司，对资产股权量化进行市场化改造，从而解决村党组织和村民委员会不具备运营集体资产、实施土地入市的法人资格的问题，理顺了村两委和集体经济的关系，建立和完善了集体经济组织独立法人治理结构，使经济组织真正成为了产权明晰、权责明确、管理科学的法人实体和市场主体。为盘活土地要素，试点村创办村企，引入工商资本，发展新产业新业态，试点村以集体资产创办村企，代表农民集体经营管理集体资产。战旗村以土地制度改革为契机，先后创办了战旗蔬菜专业合作社、集凤投资管理有限公司、战旗资产管理公司、成都集凤商贸服务公司等市场经营主体。通过创新集体经济组织，村民变成集体经济组织的股东，村庄的发展与村民的利益链接更加紧密，从而使之获得了关心村庄事务的内生动力，更加积极主动地参与相关事务的讨论和决策。由此，战旗村通过集体经济组织实现了农民在经济上的组织化。

二是创新议事制度和议事机构，实现村民公共事务自治组织化。为了更好地管理和监督土地等集体资产，农民集体需要积极地参与村庄的议事和决策过程，这就需要相应的议事机构作为载体。战旗村制定了村民自治章程以及村民议事会实施细则等各项制度，并明确了"三个民主"作为处理村庄公共事务的基本方法，即"民主讨论、民主协商、民主决策"；凡是村上要实施的重大事项，如集体资产的处置，土地入市的方式、途径、作价和收益分配等，均由村党支部提议、村级组织联席会议商议、党员大会审议、村民议事会决议并对决议事项公示、对实施结果进行评议。规范的民主议事程序有效地保障了村民的民主权利。

总之，以集体经济组织和议事自治组织为载体参与村庄经济社会事务，一方面，使得发展社区公共事业、处理社会事务以及向上级表达意见建议都有了组织依托，增强了农民的话语权，社情民意有了表达的组织载体和制度化渠道。另一方面，也促使村民相互帮扶、交流增多，彼此更加熟悉，情感联系更加紧密，这有助于提升村庄的社会资本、形成公共话语空间、增强集体的凝聚力。此外，随着土地制度改革形成的利益共同体，以及越来越多的外部生产要素进入村庄，更多的城市居民向往农村，村民更加具有归属感，对村庄更有认同感。

**形成多元主体治理格局**

促进各类组织发展，形成多元化的村庄治理新格局，确保各利益主体共享改革成果。乡村振兴是复杂的系统工程，各项改革之间紧密相连，需要城乡、产业、"地—人—钱"等各种社会生产系统要素的协同，具体涉及土地规划、综合整治、入市交易、产业布局、耕地保护、生态建设、乡村治理等各个方面。不仅如此，随着乡村振兴战略的实施，城乡之间的要素双向流动越来越频繁，更多的利益主体进入农村，与村庄同呼吸、共命运，传统的"乡政村治"治理格局加入了新的主体、新的内涵，推动社会治理由传统乡村的单中心模式向更具包容性的多中心模式转变。

从郫都区的实践来看，当地基层政府和村集体等传统的治理主体为了适应这种新的变化，积极以土地制度改革为抓手，创新治理体制机制和具体实施方式，形成了"政府主导、两委领导、村民决策、社会参与"的村庄治理新格局。首先，土地制度改革是解决"三农"问题、实现乡村振兴和城乡融合的基础，其战略意义毋庸多言，首要的推动力量必然是自上而下的政策执行，"国土牵头、部门联动"的地方政府工作机制在土地制度改革中发挥着规划设计、规则制定、平台搭建、用途管制、产业引导、监管把关、服务管理等重要作用，主导地位显而易见。其次，为保障入市顺利进行，郫都区各试点村在村两委的领航掌舵下进行了基层治理制度改革，创建了村民议事会，建立了村集体资产管理公司、经济合作社，这些村民自治组织和集体经济组织成为村两委以外新的治理主体。再次，土地制度改革释放了土地权能，盘活了土地资源，进而吸引了资本下乡，外来企业在产业项目落地的同时，也在产业规划、用地方式、收益分配、合作形式、组织链接等方面深度介入村庄公共事务，极大地影响着乡村治理结构。村集体通过在外来企业中设置党组织，发展企业党员，以及建立"共享经济体"等方式，掌控、引导和鼓励外来企业参与村庄治理。最后，土地制度改革促进了乡村形态的再造，农民的生活方式、就业方式，农村社区的管理方式、公共服务供给方式与城市趋同，新的需求催生了与之相适应的社会组织入驻农村社区。例如，白云村在土地入市、建立农民集中居住社区后，成立了业主委员会，并由郫都区民政局、镇政府和村公共服务资金分别承担50％、25％和25％的经费，引入社工组织帮助村民改变生活习惯，培养城市生活意识。石羊村也通过区、镇和村三方分别出资8万、4万和5万，购买了社工组织服务，开展村史挖掘整理、村民民意调查、议事会创建等服务。这些社会组织在郫都区各试点村的社会治理和公共服务供给方面发挥着越来越重要的作用。

概言之，随着土地制度改革的深入和乡村振兴战略的实施，郫都区农村的治理主体日渐复杂化、多元化，治理格局正在发生深刻的转变，试点村通过创新治理方式，通过组织嵌入、利益关联、服务购买、决策参与等机制，形成了"一核多元，合作共治"治理体系。

# 利益保障：集体产权制度改革

产权制度是经济制度的核心。产权制度是一种基础性的经济制度，它不仅独自对资源配置及其效率有重要影响，而且又构成了市场制度以及其他许多制度安排的基础。产权制度既是市场交易的前提，又是市场交易的结果。集体经济式农村的社会发展必然需要解决产权明晰的问题。农村集体产权制度改革的目的是要通过清产核资和确权入股，改变集体经济产权的"模糊性"，把集体资产明确地界定给农民，使得资产的产权逻辑明晰，亦即对村集体和农民"还权赋能"，进而为集体经营性建设用地市场化流转及价值实现创造条件，保障农民的土地财产收益权和发展权。

第一，清产核资、摸清家底是集体产权制度改革的前置程序。习近平总书记强调，深化农村集体产权制度改革，需要开展清产核资，明晰农村集体产权归属，赋予农民更加充分的财产权利。全面开展农村集体资产清产核资，将集体资产按照资源性、经营性、非经营性分类登记，实行台账管理，确保农村集体土地归属清晰、权能完整、流转顺畅、保护严格，进而厘清农村集体建设用地入市资源，为评估资产保值增值提供依据。不仅如此，查实集体资产存量、价值和使用情况，确保账证相符和账实相符，并建立健全集体资产登记、保管、使用和处置等各项制度，是加强和规范集体资产财务管理，防止出现集体资产管理不规范、监督不到位、核算不准确、分配不公开等问题的制度保障。

第二，量化确权、还权赋能是夯实集体产权制度改革的民心基础。在对农村集体资产全面进行清产核资的基础上，把集体资产的所有权确权到不同层级的农村集体经济组织成员。在此基础上，稳步推进股份合作制改革，将集体资产以股份或份额的形式量化到村集体成员，作为其参与集体收益分配的依据，有利于让农民共同分享集体经济发展成果，切实维护好农民财产权益，不断增加农民财产性收入。不仅如此，通过"资源变资产、农民变股民"，既夯实了村集体成员参与村庄公共事务议事决策的物质基础，也增强了成员参与的内在动力，这有助于农村集体建设用地入市、宅基地有偿腾退等土地制度改革工作的开展。

第三，集体产权制度改革是构建集体建设用地入市主体的基本条件。集体经营性建设用地入市，首先要构建健全的市场主体。我国土地产权制度明确了集体土地归属农民集体，但同时相关法律并未落实农民集体的具体内涵，集体仅为一个农民集合概念而不具备独立运营管理集体经营性建设用地等资产的基本条件。实践中常规的做法是由村委会代表农民集体行使集体资产产权权能[①]，但作为农民自治性组织和基层政权组织，代表农民集体运营管理集体资产，可能导致其政治职能、自治职能被经济职能挤压，因而更合理、更有效的方式是在集体经济组织基础上构建新的入市主体，并将集体资产集中到集体经济组织，且按成员

---

① 事实上，在 2021 年 1 月 1 日《中华人民共和国民法典》（以下简称《民法典》）实施之前，村委会没有参与市场运作的独立法人资格；《民法典》第一百零一条明确规定了"居民委员会、村民委员会具有基层群众性自治组织法人资格，可以从事为履行职能所需要的民事活动。未设立村集体经济组织的，村民委员会可以依法代行村集体经济组织的职能"。

数量折算成股后平均分配，由此才便于按照现代企业治理制度确定作为入市主体的集体经济组织的组织形式、权能范围、运行机制等，从而构建集体土地入市流转的实施主体。

郫都区的土地制度改革就是遵循上述逻辑开展的：首先，通过重新测量土地面积、划清土地界限、明确土地主体，确定了土地各项权能的归属；同时构建村级集体资产管理公司，并以强化土地所有权的形式将集体经营性建设用地所有权确定到资产管理公司，再将集体经营性建设用地面积按照固化的集体成员数量划分为若干份额，最后以成员个体为单位作为农民参与土地收益分配的依据。2015年三项土地制度改革以来，郫都区坚持农村资产"多权同确"，完成全区152个村、1624个村民小组集体土地权属确权颁证。深入开展集体资产清产核资和股份量化，完成全区137个村、1538个组集体资产清产核资和债权债务清理、1489个组股权设置和股份量化，农村未确权到户的各类集体经营性、非经营性资产和资源性资产等清理核实到位、股份量化到位、股权证颁发到位。

战旗村是郫都区最早进行集体产权制度改革的试点村之一，其具体做法最具代表性。战旗村根据郫县农村发展局制定的《郫县农村集体资产股份量化操作规程（试行）》，成立了战旗村集体资产股份制改革工作小组，工作小组成员由村集体经济组织负责人、民主理财小组成员、村议事会、监事会和各社社长共21人组成，负责试点工作的组织、协调和实施。战旗村集体资产股份量化首选需要解决以下两个前置问题。

第一，股份量化的村集体资产有哪些？首先，战旗村明确了农村集体资产股份量化的工作对象。战旗村集体资产股份制改革工作小组经过清产核资，对原集体资产已分清权属的进行股份量化；未能分清权属的，继续对集体资产进行权属界定，待认定清楚后，再进行股份量化。经清产核资明确为村级集体经济组织所有的资产，应形成决议，先量化到社级集体经济组织，再纳入社级集体资产量化到人。其次，明确了农村集体资产股份量化的资产范围。农村集体资产股份量化资产为按照清产核资工作程序清理核实出的资产，主要包括经营性资产、非经营性资产和土地资源等资产，即：集体所有的未确权到户的土地，集体所有的未确权到户的房屋、设备、设施等固定资产，集体所有的现金、银行存款及有价证券，集体所有的商标、商誉、专利权等无形资产，以集体名义入股形成的股权及收益，集体所有的债权、债务，集体兴办企业形成的资产以及其他资产。上级财政划拨的村级公共服务项目资金不纳入资产股份量化范围。债权债务经处置后，对已实现的债权纳入量化资产，对死账呆账按《村集体经济组织会计制度》进行核销处理。

第二，村集体资产股份量化涉及的成员如何认定？为了解决这个问题，战旗村制定了《集体经济组织成员身份界定办法》，对村集体的概念进行了界定，并对以下内容进行了详细的规定：农村集体经济组织成员资格认定原则；成员资格认定调查小组的产生方式、职责和工作流程；成员资格取得方式，包括原始取得、法定取得（婚姻取得、收养取得和移民取得）和申请取得；新增成员的条件；新增成员申请加入本集体经济组织的操作程序；成员资格取消条件等。之后，经由战旗村集体经济组织成员代表会议推选，并在村务公开栏中予以公布后，成立调查小组，清查核实应以家庭为单位对集体经济组织成员的资格进行认定。成员资格认定名单由调查小组确认后上榜公布，经过本集体经济组织成员2/3以上表决通过并签字确认，再由战旗村村委审核后，最终以2011年4月20日为准，认定了1704人为集体经济组织成员。

在解决村集体资产范围和村集体经济组织成员资格两个关键问题后，战旗村按照三个步骤落实村集体资产股份量化工作[①]。

---

[①] 屈小博、程杰等：《城乡一体化之路有多远——成都市郫都区战旗村》，中国社会科学出版社，2019年。

第一步：制定方案、开展培训。在县、镇的指导下，战旗村工作小组根据《郫县农村集体资产清产核资和股份量化工作实施意见》等文件精神，结合实际，拟订集体经济组织股份量化工作实施方案，经集体经济组织成员大会讨论通过后实施。工作实施方案主要包括：工作程序、参加股份量化人员的条件、股份量化资产（包括资产种类、资产总量和资源总量）、股份设置形式、时间安排等内容。

第二步：确定股份量化人员。由改革工作小组提出参与股份量化人员名单草案（包括户主姓名、性别、身份证号、家庭住址和股权人姓名、身份证号等），提交集体经济组织成员大会（或成员代表大会）审议后进行公示，公示期为15天。股份量化人员名单经决议确定后实行固化，不再因人口变动而调整①。

第三步：实施股份量化。一是股份设置原则。股份按照清产核资清理出的资产总量、资源总量以及确定的股份量化人数进行综合设置。先计算出资产总股份数和资源总股份数，再分别量化到人。村、社（组）两级的股份设置统一标准。集体资产股份量化，只设个人股，不留集体股。每个人员拥有股数为整数，不设小数。二是股份量化到人。由改革工作小组提出股份量化到人的草案（主要包括进入量化的资产总量和资源总量、股份量化到人的总人数、设置的资产资源股每股含有的资产资源数量、资产股和资源股总股数、每个人头应持有的资产资源股数等），提交集体经济组织成员大会审议后进行公示。公示期为15天。改革工

---

① 战旗村创造性制定的这项固化集体成员的规则，被高德敏书记称为"生不添，死不减"规则，也就是参与农村承包地和集体经营性建设用地收益分配的股东，固定为通过户口核查确定的1704名本村村民，并且不随人口增减（包括新出生人口和嫁入本村的人口）而改变。在该项规则制定后的十年中，战旗村人口有所增加，为了解决新增人口集体收益分配的问题，战旗村对集体成员确定规则进行了优化，在"生不添，死不减"的基础上进行"生添死减"的灵活处理，即集体成员的数量固定在最初确定的1704人，既不增加也不减少；去世成员生前应分配的集体收益归入集体公益金，新出生的本村人口从集体公益金中获得按成员应获得的平均集体收益。

作小组结合股份量化资产、股份设置原则及股份量化人员，形成集体资产股份量化明细表。其中村级集体经济组织所有的资产，按各社（组）决议确定的股份量化人员数先量化到社（组），并建立资产资源量化到社（组）的登记簿；社（组）再将自有资产和村级量化到社的资产一并量化到人。三是登记颁证。农村集体资产股份量化后，由集体经济组织统一到镇人民政府办理股权登记，以集体经济组织为单位，建立集体资产股权登记簿（台账），并由集体经济组织向股权人颁发农村集体资产股权证。股权持有人对股份享有所有权、处置权和收益分配权，可以继承、赠予和转让股份，不得抽回和提现。

经过卓有成效的改革，战旗村最终将农村未确权到户的各类集体经营性、非经营性资产和资源性资产等全部清理核实到位、股份量化到位、股权证颁发到位，完成了9个村民小组《集体土地所有权证》确权颁证，为527户农户颁发了《农村土地承包经营权证》《集体土地使用证》《房屋所有权证》和《农村集体资产股权证》，形成了农村土地承包经营权和宅基地使用权长久不变的决议。

在清产核资、确权确股的基础上，战旗村构建了集体建设用地入市的实施主体。2015年8月12日，经全面动员宣传，战旗村召开村民代表大会，商议同意成立战旗村资产管理经营的经济组织，并由34个集体经济组织成员和1个授权委托成员（代表剩余成员）共同出资注册了"郫县唐昌镇战旗资产管理有限公司"。公司注册资本1704万元，其中村主任作为授权代表，出资1670万元，其余34人每人1万元。村民代表会议决议由村两委成员和村民小组长分别入户到全村529户的村民家中征求意见，并经全村三分之二户代表签字同意后生效。根据战旗村村民自治章程，按照《中华人民共和国公司法》的相关规定，制定了村资产管理公司章程，参照现代企业基本结构，村议事会成员作为公司发起人，村两委为公司董事会成员，村主任为董事长，党总支部书记任总经理，村务监督委员会成员任公司监事会成员，村集体将资产注入该公司，并授权公司进行管理和经营。章程中还明确了集体资产管理和资产营运制度，设计了严格的财务管理制度与职责权限等办法使公司更加规范有效运营，如公司总经理的投资权限不能超过 50 万，超过了须经董事会或者股东大会决定；监事会要代表全体股东履行监督职责，年终向股东大会报告监督情况。

总之，集体产权制度改革的深层次意义在于通过产权逻辑催化激活了包括土地在内的集体资产，并使得外部政策支持和下乡资本在战旗村的落地，有了坚实的制度基础和组织平台。

## 核心要素：释放土地利用权能

土地是关乎人类生存和发展的物质基础。在农业生产中，土地不仅是劳动对象，而且是最重要的生产资料，土地也是人类生产关系中的核心要素，土地的所有制关系决定了生产过程中人们之间的相互关系和分配关系。中国的农民对土地具有特殊的情结，土地是农民的命根子，是生产生存的根本。如何更好、更加有效地利用土地资源，以及如何正确地处理好土地与农村、土地与农民、土地与经济发展之间的关系是农村发展、乡村振兴的核心问题。战旗村近些年来的发展变迁充分证明了：释放土地利用权能，发挥土地资源基础性作用是乡村振兴的核心要素。

战旗村始终坚信，"土地是农村最大的资源，利用好土地，战旗村想不发展都不可能"。围绕"经营搞活土地"这一思路，无论是农业学大寨时期、乡镇企业发展时期、城乡统筹时期、新农村建设时期，还是当前的乡村振兴时期，战旗村都能抢抓改革机遇，按照"改革联动、政策叠加、集成运用"的思路，灵活运用土地流转集中、综合整治、城乡建设用地增减挂钩、集体经营性建设用地入市、宅基地有偿腾退等土改政策，提高土地要素市场配置效率，保障各时期农业产业化发展的用地需求，发展壮大集体经济，优化改造村庄面貌。

农业学大寨时期，战旗村进行"沟端路直树成行，条田机耕新农庄"的土地"条田化"改造，改善了土地质量，提高了耕作效率，增加了粮食产量，解决了全村人的吃饭问题；改革开放之后在集体建设用地上发展村企，为集体经济奠定基础；城乡统筹时期，敏锐发现村民"弃耕"现象和抓住土地政策的"机会之窗"，开展土地承包地集中经营试验，直至成立农业股份合作社，推动土地流转，在此基础上，通过对外招商和自主开发，大力发展现代都市农业，实现了土地资源规模化、集约化经营，改变了农民原子化生产、土地分散经营的传统模式，使得平均亩产值提高了近 5 倍。社会主义新农村建设时期，利用新农村建设、城乡建设用地增减挂钩等政策红利，修建新型社区，实现农民集中居住，进一步整理腾退了集体建设用地，并将其租给北京方圆平安集团，打造"第五季·现代田园村"，建成 25 亩观光农业园和 30000 平方米乡村酒店，创造了土地经营的新机制，形成了"一三联动，农文旅融合发展"的产业格局。

"三块地"改革和乡村振兴时期，战旗村更是积极进取、敢为人先，率先试点农村集体经营性用地入市，成功挂牌出让四川首宗、全国第二宗集体经营性建设用地。这一改革实现了对战旗村土地的"还权赋能"，极大地释放了土地的权能，不仅对于战旗村有着深远的影响，对四川省乃至中国的土地制度改革和乡村振兴都有一定的示范意义。职是之故，有必要深入分析在战旗村实践探索基础上形成的"郫都模式"，以揭示集体经营性建设用地入市改革之于乡村振兴的重要意义。

**集体经营性建设用地入市实现土地收益增值的来源**

从理论上讲，集体经营性建设用地入市对村庄而言最直接的影响是通过市场流转带来的土地增值收益及其分配方式给村集体和农民带来的直接收益。

根据郫都区制定的集体经营性建设用地入市流程,入市需经过土地前期开发整理和土地入市交易两个环节,在这个过程中村集体原有土地实现了增值。首先,集体经济组织对本集体所有且规划为经营性用途的集体建设用地进行入市前期开发和整理,将零星集体经营性建设用地集中成块,清除地上原有建筑物,配备水、电、路基础设施,初步平整施工场地,使土地的利用条件更能满足工业、商业、旅游业等产业的经营需求,还便于土地投资者的后续开工建设,节省建设成本,土地价格也得以提升。这些投入形成了土地投资性增值。其次,集体经济组织经过成员同意后,按规定程序组织集体经营性建设用地进入成都农交所郫都农村产权交易公司,投资者竞相报价,价高者获得土地使用权并支付土地价款。投资者在获得宗地后,通常会进行非农用途间的转换,将利用效率低、收益空间小,经规划为经营性存量建设用地用以发展乡村旅游、乡村酒店、康养地产等容积率和利润率较高的新产业,从而实现土地的用途性增值。例如,战旗村入市四川省第一宗的集体经营性建设用地,原属于战旗村集体所办复合肥厂、预制构件厂和村委会老办公楼用地,每年以低廉租金出租给部分业主使用,使用效率低下。经过在郫都区公共资源交易服务中心挂牌,最终以52.5万/亩,总价705.9675万的价格将40年的使用权出让给四川迈高旅游资源开发有限公司,由此通过入市流转产生的收益远大于原有的土地租金,实现了土地增值。再次,政府为促进农村集体经营性建设用地入市,对入市土地所在乡镇及村进行基础设施建设,确保"大配套"到达行政村边缘甚至入市土地周边,这无疑提高了土地价值。最后,位于旅游景区辐射地带、高速路口或主干道旁的集体经营性建设用地往往成为新的投资区,该区域土地价格也将上升,辐射性增值明显。

### 集体经营性建设用地入市的收益分配

集体经营性建设用地入市改革实质是打破政府主导的原有收益分配关系，重构平衡多主体利益并提高农民收入水平和生活质量的新的收益分配制度。因此，统筹兼顾地方政府、村集体和农民各方利益，才能为农村经济发展注入新的持久的活力。土地增值收益是基于土地用途改变、区位优势凸显等因素综合影响的结果，包含了地方政府行为、村集体行为和农民个人行为的共同作用，因此三者应当共享增值收益。

地方政府的收益。集体经营性建设用地入市与缩小征地范围两项改革是一个硬币的两个面。政府用于市场交易的土地被严格限制征收，转由农村集体经济组织供给，政府征收土地仅限于公益性建设，由此征地并出让的相关收入必然会减少。因此，为激励地方政府推行集体经营性建设用地入市制度，需要在新的制度下保障地方政府参与集体经营性建设用地入市收益分配的权利，尽可能减少地方政府财政收入损失。其次，政府相关部门行使土地用途管制和土地规划职权，投资农村公共基础设施是形成集体经营性建设用地增值的重要因素，理应获得部分增值收益，以收回农村基础设施投资和弥补公共服务供给成本。最后，各级政府将获得的土地增值收益统筹用于所辖行政区域的各项"三农"支出，以提高本区农村经济的整体发展水平，并平衡试点区域和非试点区域因政策红利带来的发展差距。

村集体的收益。首先，集体经营性建设用地入市之前，通常需要对土地进行前期的开发整理，配以相关的基础设施，这部分成本需要通过土地入市流转后显化的收益来弥补。其次，农村道路、水利、文化健身等基础设施，具有公共物品的非排他性和非竞争性特征，这决定了集体提供这些物品具有更大的效用、更高的效率。因此，土地增值收益需作为集体提留，用作提供村公共基础设施的基金。最后，也是最重要的一点。集体经营性建设用地产生的收益在较长时期内属于一次性收益，因此土地收益的较大比例应该作为村集体提留，用于集体经济的长远发展。

农民的收益。土地作为农民的基本生存和生产资料，土地权能转移需以农民失地后生存发展水平不降低为限。农民理应获得可供个体支配的土地增值收益，并通过建设农村基层设施和完善社会保障提高收入水平、生活水平和质量。因此，土地增值的部分收益应该用于集体成员的现金分红和提供基本的社会保障。

针对农村集体建设用地入市产生的收益分配原理，郫都区按照"同权同责、多方兼顾、保障公平"原则，制定实施针对地方政府和村集体外部分配的"分级调节"原则，以及针对村集体与农民内部分配的"二八原则"。"分级调节"即在核算土地增值收益金征收比例上，结合覆盖全区包括宅基地在内的基准地价，以此为级差参考，综合出让与转让、区位和规划用途、入市途径和方式等因素，进行综合考量、按价提取，差异实行13%～40%的分级计提。其中，工矿仓储用地为13%～23%，商业服务用地为15%～40%，入市后再转让及出租的按3%计提，并向受让方征收3%～5%的相当于契税的调节金。

村集体和农民内部分配方面。郫都区制定并出台了《郫都区农村集体经营性建设用地入市收益分配指导意见》，针对农村土地入市收益的内部分配给出了"二八原则"及相应的审核程序、使用管理等制度，有效地处理了分配与积累的关系。"二八原则"即坚持"自主决策、着眼长远"理念，将土地净收益的20%用于集体成员现金分红，80%作为村集体公积金、公益金等。截至2018年，郫都区已经成功完成45宗共计600余亩农村集体建设用地入市，获得出让价款约4.45亿余元，征得土地增值收益调节金约9000余万元。农民得到实惠的同时，集体经济发展获得了后续资金的注入。以战旗村为例。2011年战旗村利用预留给集体经济组织的20亩集体建设用地，租给北京方圆平安集团，用于"第五季·现代田园村"建设，建成25亩的观光农业园和30000平方米的乡村酒店，形成"一三联动，农文旅融合"发展格局。2015年9月成功挂牌出让集体经营性建设用地13.447亩，以每亩52.5万元的价格出让给四川迈高旅游公司，建成独具川西民居风格的"第五季·香境"旅游商业街区，战旗村依托"第五季·香境"，自主开发了"乡村十八坊"农旅项目，培育、传承、发扬民间传统技艺。

### 以农村经营性建设用地使用权为基础，进行农村集体产权抵押融资

农村产权无法抵押融资，农民难以获得生产发展所需的资金融通，成为制约农村经济发展的重要瓶颈。为了解决这一难题，早在2009年，成都市作为全国统筹城乡综合配套改革试验区，便已出台了《成都市农村产权抵押融资总体方案》，以及《成都市集体建设用地使用权抵押融资管理办法（试行）》《成都市农村房屋抵押融资管理办法（试行）》《成都市农村土地承包经营权抵押融资管理办法（试行）》三个具体操作文件，为农村集体产权的抵押融资开辟了一条可供操作的路径。

被列为全国土地制度改革三项工作试点以来，为完善农村集体经营性建设用地权能，引导企业融资，降低金融风险，为农业新产业新业态发展提供金融支持，郫都区创造性地设计了"一个机制、两项奖励"的融资鼓励机制。"一个机制"，即创新风险分担机制，将农村经营性建设用地使用权纳入县农村产权抵押融资风险基金保障范围，由市县两级风险基金对于收购处置的净损失按4∶6的比例分担。"两项奖励"，即对开展农村集体经营性建设用地使用权抵押贷款的金融机构实施专项奖励和信贷激励，为金融机构和投资人解除后顾之忧。2016年，郫都区国有资本运营企业成都鹃城金控控股有限公司，通过战旗村村集体资产管

理公司，以第一宗入市的集体建设用地为反担保物，向成都银行融资，完成唐昌战旗资产管理有限公司 500 万元贷款担保授信和首笔 100 万元担保贷款发放。目前，郫都区已办理集体经营性建设用地使用权抵押 22 宗 143.33 亩，实现融资金额达 2.07 亿元。

**"带方案带资源入市"实现"土改＋产业"模式**

入市改革激活了区域经济发展，尤其是新产业新业态的培育。为了践行"土地改革＋"理念，统筹推进新村建设、生态保护、产业融合发展，郫都区根据改革"具备代表性，凸显差异性"的原则，选择了战旗、青杠、白云、东林、广福、安龙等六个试点村，鼓励六个试点村开展集体经营性建设用地入市和宅基地"三权分置"改革，以项目为抓手，先行先试、大胆探索发展各种类型的新产业新业态。这六个试点村的民主治理基础和产业基础较好、产业市场化程度较高，同时在村社民情、资源禀赋、环境条件、产业基础、发展策略等方面又有明显差异，有利于为土地制度改革基础上的产业发展提供多种案例样板。目前，六个试点村已经形成各具特色的"土改＋产业"发展路径，战旗村"就地入市＋自主开发"，大力发展乡村旅游；青杠树村"整理入市＋田园综合体"，打造美丽宜居新村；广福村"配套入市＋特色农业"，助推农业提档升级；白云村"宅改入市＋都市农庄"，构筑农业科创平台；东林村"宅改腾退＋农业科技"，推动"种业硅谷"建设；安龙村"三权分置＋文创康养"，重塑乡村民宿文化。区域特色业态创新逐步呈现，土改的裂变效应日趋凸显。

总体来看，郫都区经过三年的试点探索，基本形成了三种"土改＋产业"发展模式。第一，高度契合原产业，延伸农业产业链的发展模式。通过农村集体建设用地入市引入农业企业，对原产业进行提档升级，加快一、二产业融合，实现农业的横向拓展和纵向转型。如以水稻种植为主要产业的德源镇东林村引入袁隆平国家杂交水稻"种业硅谷"项目；安德镇广福村引入农业龙头企业，对原产业"干撕韭黄"进行品质提档、品牌升级，并对韭菜副产品进行精深加工，进而将韭菜种植拓展至食品加工、医药、美容等产业。第二，农文旅、农文养产业融合的田园综合体发展模式。以集体建设用地入市和宅基地"三权分置"改革为基础，引入工商资本，开展村域土地综合整治和新村建设，提供配套的现代化公共服务和进行社会管理标准化配置建设，发展科创文创、乡村民宿、休闲康养、度假酒店和家庭农庄等新产业新业态。第三，依托新型村集体经济组织，创新土地经营模式，探索不同类型新业态的内生性发展模式。该模式以战旗村为主要代表。其基本做法是：组建农业股份合作社，实现土地集约利用和适度规模化经营；创办蔬菜专业合作社、集凤投资管理有限公司、战旗资产管理公司、成都集凤商贸服务公司等多种市场经营主体；围绕"大农业"，实现新业态的多元化发展：建立现代农业产业园，引入农业龙头企业、家庭农场，积极发展设施农业、科技农业、订单农业项目；创新集体建设用地经营机制，以合作和自主开发的方式推动形成"一三联动，农商文旅融合"发展格局。

# 兴村之道： 发展壮大集体经济

如果说国家的涉农政策是农村改革和发展的指南，那么农村集体经济则是乡村振兴的原生动力。集体经济在农村发展中所起到的基础性作用，是农村经济社会发展的纽带，是党在农村执政和实现农民共同富裕的经济基础，发展集体经济是实施乡村振兴战略的物质保障。纵观全国各地的"富裕村"，大都依靠强大的集体经济力量来建设整个村庄。

战旗村的变迁历史也是集体经济发展壮大的历史。自20世纪90年代以来，战旗村共经历了四次农业产业化经营体系的更迭，每一次更迭都是一种进步，而每一次进步都离不开集体经济力量的支撑。战旗村始终坚信土地集体经营，发展集体经济才是兴村之本。后来的发展历程也证实了这一信念的前瞻性和合理性。集体经济的良性发展，需要有效的组织形式作为依托，而战旗村自始至终在发展的不同阶段，都非常注重基层经济组织的建设，根据集体经济发展的实际需要，顺应大势创建了不同类型的集体经济组织，推动战旗村四次产业化经营模式的更迭。

### 第一阶段："企业＋农户"经营模式

战旗村"公司＋农户"的农业产业经营模式始于20世纪90年代初，如图1所示，当时正值村集体企业发展的顶峰时期，时任村支部书记的高玉春在重庆调研时，意外发现当地涪陵榨菜种植的环境条件与战旗村相似，随后购买一批种子带回村分发给那些有种植意愿的村民，并承诺由村集体经济企业（食品公司）按照市场价格进行保底收购。在村委的积极推动和支持下，第一年种植榨菜的农户平均收入增加了800元左右，这吸引了更多的农户种植榨菜，短短三年时间榨菜就迅速成为战旗村的主要农作物之一。与此同时，战旗村集体经济企业按照协议进行收购，并进行加工和销售，在战旗村内部实现了"产—加—售"一体化运作。"公司＋农户"的经营模式给战旗村的经济发展增添了活力，产生了许多积极效应：第一，改变传统的农作物种类，让原先的农作物种植由两季发展成三季，农民增产增收。第二，通过村集体经济企业开发新产品，实现"产—加—售"一体化，增加集体经济收入。第三，对周边村组产生辐射带动作用。据战旗村第七任书记李世立口述，涪陵榨菜的种植引发周边乡村纷纷效仿，种植面积曾一度超过1000亩。

**图1　"公司＋农户"经营模式**

### 第二阶段："村＋企"经营模式

"村＋企"经营模式中，如图2所示，"村"指村集体，而"企"则是与村委缔约合作的企业，包括个体私营企业和村集体企业。村集体代表村民与企业签订收购协议，并负责对村民进行统一经营管理。第七届战旗村两委上任后，开始探索农业产业化发展的新道路。通过对华西村、南街村等全国先进村的考察，村两委做出了"土地产权集中，发展规模经营"的土地经营思路，并于2003年率先探索土地集中治理。由于缺乏经验，战旗村创造了"三分地集中"的模式：在自愿的基础上，各家各户划出三分土地的承包经营权交由村委，村委对集中的土地进行统一种植经营，收益先替村民交纳农业税，多余的资金则划入村集体账户。由于有先前"公司＋农户"经营模式的经验，依托村集体经济组织的运营管理，"三分地集中"进展顺利，产生了明显的经济效益，从而迅速得到了全体村民的认可，随后这一模式拓展至全村的承包地。

准确说，"村＋企"经营模式实际是一种试验品，它是伴随着战旗村土地使用权制度改革而诞生的。与"公司＋农户"经营模式不同之处在于："村＋企"经营模式中的收购协议不再是村民与企业进行缔结，而是改由村集体作为代表与企业进行种植经营合作，而参与其中的农户则需要服从村集体的统一安排，集中的土地经营管理权和话语权由村集体掌握。村集体作为村民和企业之间的纽带，不仅是与企业的直接对话人，也决定着土地的产业布局。新的经营模式有效地避免了"公司＋农户"经营模式中农户的投机行为，也提升了农民集体与公司谈判的能力，同时土地承包地的统一管理和规模化经营，提高了生产效率和农产品质量。

"村＋企"是战旗村对于"三分地集中"经营管理的一种尝试，是战旗村发展农业产业化道路中的一个选择，虽然时间短暂，但为战旗村后期大面积推广土地流转做足了准备，是大规模土地流转的雏形。"村＋企"经营模式因"三分地集中"而诞生，必将随着土地大规模流转完成后演变成另一种经营模式。

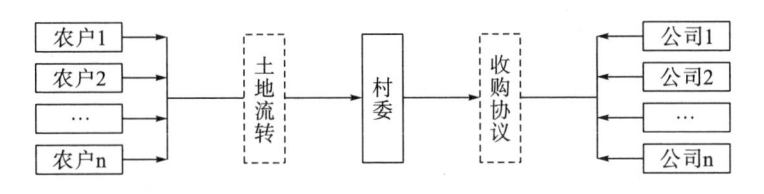

图2 "村+企"经营模式

### 第三阶段："村+企+社"经营模式

在成都市"三个集中"的政策指引下，战旗村开始实施探索土地流转，为了解决土地流转后土地集中的经营管理，在2003年土地集中试验的基础上，战旗村决定成立农业股份合作社（在"变迁篇"中有详细介绍，在此不再赘述）。而集凤投资管理有限公司则是村集体企业两次改制的结果。

20世纪90年代初，战旗村将本村经济效益较好的5个企业改制为股份合作制企业，并组建成立了"董事会"，由董事会负责改制后企业的经营管理工作。但这次改制后，董事会实际上并没有严格按照股份制企业的组织形式经营，管理混乱，效率低下，缺乏有效的监督管理，集体企业连年亏损，导致大量集体资产流失。在此背景下，2001年战旗村进行了第二次集体企业改制，主要对村属企业进行彻底的资产清理，最终收回资金420万元，并按照村上的实际情况，重新将5个企业恢复为村级集体所有制企业，组建了村级经济实体"成都集凤实业总公司"进行统一运营管理。总公司为战旗村集体全额出资，为战旗村集体所有。非经营性资产由村集体资产管理委员会进行直接管理，经营性资产由集凤实业总公司进行经营管理。第二次改制结束后，集凤实业总公司对村属企业实行租赁经营，实施统一的规范化管理，由此村集体经济年收入从改制前的28万元提高到50余万元。成都集凤实业总公司于2012年改名为成都市集凤投资管理有限公司，并制定了完善的企业管理制度，业务范围进一步扩大，涉及豆瓣及调味品加工、机械加工、复合肥和家具制造、室内装修、面粉加工等，为战旗村经济发展注入了新的活力。

在"村＋企＋社"的经营模式中，如图3所示，"社"指战旗村农业股份合作社，主要通过合作社土地经营权的流转，实现土地的收益权，同时从事餐饮娱乐、休闲、观光旅游等服务增值项目经营。"企"的含义与"公司＋农户"和"村＋企"经营模式中的含义相当，都是指集体企业和个人企业。"村"虽然也主要指战旗村两委代表的村集体，但村两委领导下的成都市集凤投资管理有限公司的建立，使得具体分工上有了细分。村两委负责管理整个战旗村的农业产业布局、招商引资和监督管理，集凤投资管理有限公司则对除土地以外所有的经营性资产按照现代企业制度进行资产管理。与之前的经营模式不同之处在于，"村＋企＋社"把流转的土地进行集中经营管理，农户作为以土地入股的股东，不再以"生产者"的身份进行农业生产，但是仍然可以以"农业工人""种植能手"的身份返聘进行农业种植。

"村＋企＋社"的农业产业化经营模式使战旗村集体经济的发展上了一个新的台阶：首先，村集体可以聘请更专业的经营管理者进入集凤投资管理有限公司，更好地经营管理运作村集体的经营性资产，以谋求更好的商业机会和增值空间。其次，该模式有效吸引农民就地就业，提高村民收入，促进村集体经济的发展。最后，村集体专注于全村的产业布局和战略规划。随着大规模的土地流转完成，村集体实际集中了大部分土地承包经营权，通过"村＋企＋社"经营模式，战旗村成功吸引了"榕珍菌业"和"第五季·妈妈农庄"两大龙头企业入驻，成功实现了以企带村、以工补农，村、企、农良性互动的一二三产业融合的发展格局。

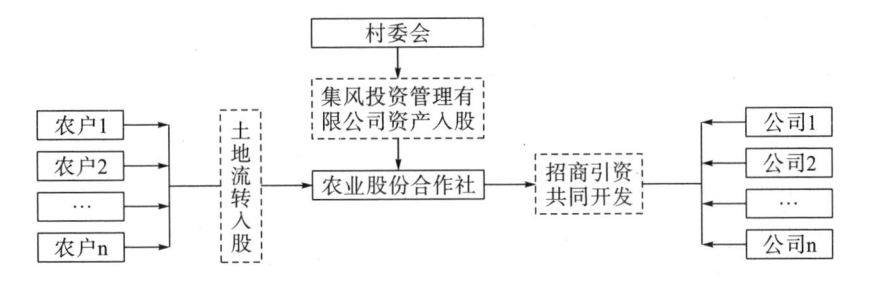

```
农户1 ──┐
农户2 ──┤   土地      村委会
  ⋮    ├→  流转   ┌──────────┐
农户n ──┘   入股   │集风投资管理有│
                 │限公司资产入股│
                 └─────┬────┘
                       ↓
                  农业股份合作社 ──→ ┌────┐ ──→ 公司1
                                  │招商引资│ ──→ 公司2
                                  │共同开发│ ──→  ⋮
                                  └────┘ ──→ 公司n
```

图 3 "村＋企＋社"经营模式

## 第四阶段："共享经济体"模式

2015年进入三项土地制度改革时期，为了实现集体经营性建设用地入市，战旗村又组建了村级集体资产管理有限公司，明确了集体经营性建设用地的入市主体和实施主体。由于村党委和村民委员会分属基层政党组织和村民自治组织，不具备市场的法人地位，并且按照基层自治管理职能与经济管理职能相分离的原则，必须由作为农民集体代理人的村集体经济组织担当经营性建设用地唯一合法的入市主体。"村集体经济组织"是一个笼统的抽象概念，实践中必须创办具体组织形式作为入市的实施主体。鉴于此，郫都区制定了《农村集体经济组织管理办法》和《农村集体经营性建设用地入市主体认定工作办法》，明确由村民委员会或村民小组代表农民集体行使农村集体建设用地所有权，入市的实施主体则以集体资产管理有限公司、农村股份经济合作社为主，也可以是集体经济组织委托的代理机构，并完善了实施主体的注册登记办法和委托入市授权程序。在实施过程中，由于郫都区的村民小组并不具备作为市场主体的能力条件，也不存在乡镇集体拥有土地的情况，所以村集体资产管理公司事实上成为主要的入市实施主体。"两个主体"的模式，在实现集体建设用地入市的同时，也推动了农村"社会管理职能和经济发展职能""所有权和经营权"的双分离。

随着村级集体资产管理公司的成立，以及土地入市引入更多外来企业的进驻。战旗村的经营主体更加多元。一是农民个体经营者，包括本地和外地农民，二是集体经济组织，三是外来企业。其中，村集体经济组织包括三种类型，一是集体资产管理公司，主要负责农村集体建设用地的整治和入市，以及集体资产的运营管理。二是农业股份合作社，主要承担农民土地承包经营权的流转及农用地规模化经营的功能。三是专业合作社及村集体举办的企业，利用本地资源发展与农业相关的各种产业项目。村两委是村庄发展、土地制度改革的引领者、组织者，农民通过确权入股成为集体经济组织的股东，村集体资产管理公司作为农民集体代理人供给土地使用权，土地投资者（主要是企业）作为市场买方主体出资购买土地使用权，农业股份合作社和村企利用土地要素和农业资源发展产业。

为了协调多方经济主体的利益，整合各种经济力量共谋发展，战旗村创新经济组织的合作方式和利益链接方式，打造"共享经济体"。首先，秉持"组织建在产业上、党员聚在产业中，农民富在产业里"理念，通过把支部建在农民集中居住区、合作社、民营企业，实现对各种经济主体的组织引领。其次，共享土地增值收益、统筹兼顾短期利益与长远发展。战旗村组建了由村两委、企业（含合作社）经营者和村民代表为成员的企业董事会，以股份合作为纽带，把村、企、农链接为"共谋发展、资源重组、联股联心、利益共享，溢价分红、风险共担"的三位一体"共享经济体"，推动了农村资产资本化、农村资源市场化，农民增收多元化。

## 空间载体："多规合一"村庄规划

战旗村自建村以来，就有村庄规划的理念和意识，农业学大寨时期就开始"条田化"改造，将原先高低不平、大小不一的小丘，改造成为方方正正的标准化农田，实现"沟端路直树成行，条田机耕新农庄"。2005年开始，战旗村进一步把乡村规划与乡村建设管理紧密结合起来，优化乡村空间要素结构，重塑新型乡村发展形态，借土地综合整治和集中居住社区建设之机，积极探索村级土地利用规划编制基本思路、方法和路径，委托成都市规划设计研究院编制了战旗村发展的全面规划，对全村的产业发展、生态保护和农民集中居住区建设等进行了统一规划，按照形态、业态、生态、文态"四态合一"的规划思路，着力构建"绿道为轴、林盘为点、水系为廊、农田为面、产业为魂"的美丽乡村图景，充分展示天府田园风光和巴蜀农耕文化，打造林盘示范点、农耕体验地和乡愁寻根地。先后被评为"省级绿化示范村"和"成都最美田园村庄"。

新时期，党中央提出的"乡村振兴"战略对村庄规划提出了更高的要求。"产业兴旺、生态宜居、治理有效、乡风文明、生活富裕"涉及产业发展、基本农田保护、生态环境保护、基础设施配套、农民住房安置、文化遗产保护等各方面,而这些方面又以不同用途的土地为空间基础,不同规划之间不能互不联系,更不能相互抵触,否则乡村振兴发展的各项措施将缺乏可行性和操作性,从而难以真正落地。因此,需要通过编制土地利用规划对乡村发展所需的各项用地进行统筹规划、统一协调,对村域每一块土地的用途进行明确,并与生态环境保护规划、村庄建设规划、产业发展规划、农业园区规划等进行充分衔接,实现"多规合一"。

为了实现"多规合一",郫都区通过"三定"摸清可入市的农村集体经营性建设用地的基本情况。一是定基数。提取郫都区 2014 年土地利用现状数据库中的集体建设用地数据及图形,以此确定基数为 11.3 万亩。二是定图斑。与土地利用总体规划和城乡规划相叠加,得到符合"两规"的农村集体经营性建设用地数据图斑,面积 2.29 万亩。三是定规模。结合权属来源、入市可行性等因素,综合确定存量可入市资源规模 4932.79 亩。

在"三定"基础上,郫都区积极探索"多规合一"下的村庄规划实践,其基本思路是以环境功能区规划确定的生态保护红线、永久基本农田划定的永久基本农田保护范围为保护底数,在此基础上统一研究确定村庄的未来发展方向、规模结构及土地整治目标,按生态、生产、生活的基本框架对村庄土地进行统一划区控界,引导基础设施建设、农田综合整治、产业发展,最终形成村庄层面的"一本蓝图、一张规划",满足乡村振兴各方面的用地需要。在具体的做法上,针对存量建设用地布局分散、利用低效等问题,以"城乡融合、多规合一、集约节约"思路,编制乡村振兴战略实施建设总体规划,优化城乡产业分工与功能布局,重构乡村空间结构和经济地理。在用地类型、标准、规划编制等方面调整解决农村建设用地布局的不确定性和零碎化,保障新产业、新业态项目在乡村落地，确保引入的产业项目与农民的就业创业、产业发展、乡村文化遗产、农村生态环境等发展权益紧密结合。目前已启动实施了118平方公里的乡村振兴博览园、20个田园综合体、180个川西林盘聚落、46个土地整治项目，可节余集体建设用地指标6700余亩，推动各类用地功能融合，提高农村土地资源利用效率与质量，夯实乡村振兴土地要素基石。

在郫都区国土局的政策指引、制度设计和具体指导下，战旗村积极实践，探索建立区域农村建设用地总量控制与流量管理制度，以"一张蓝图、城乡融合、多规合一"的思路，加强村级土地利用规划编制，科学布局农村生产、生活、生态空间，解决农村建设用地布局分散、利用低效等问题，重构乡村空间要素结构，培育壮大其社会经济聚集力和现代产业承载力，为人才、资金、产业、文化进入乡村提供空间载体。不仅如此，郫都区国土局与中国建筑设计院、同济大学研究规划院等合作，开展了"泛战旗片区"五村连片规划，探讨"多规合一"下村庄规划的试点编制工作。考虑战旗村地势平坦、村民基本实现集中居住，无散居农户、无存量林盘、无山地景观的特点，郫都区以"泛战旗片区"概念，突破行政村界限，以战旗为核心，统筹规划金星、火花、西北、横山四个村。规划对接郫都区城市总体规划、成都锦江绿道规划、唐昌镇总体规划，实现了土地利用规划、村庄建设规划、产业发展规划和生态保护规划"多规合一"，为完善乡村旅游业态，体现"一村一风格、一片区一特色"，引领区域乡村振兴奠定了空间基础。

2020年9月，围绕农商文旅体融合发展，郫都区拟推出"五村连片"示范区项目。规划面积14.6平方公里，以战旗村为核心，拟投资26亿元，引入文化休闲类、教育培训类、现代农业类、运动康养类产业项目，打造现代都市田园综合体。

# 产业模式：农文旅一体"大农业"

产业兴、百业兴。"产业兴旺"是乡村振兴的经济基础，是实现其他四个方面的基础条件和长期保障。从战旗村的发展实践可以总结出农村产业化发展有以下几条可资借鉴的宝贵经验。

## 牢固树立"农业为先，农地为本"的理念

产业兴旺鼓励农村新产业新业态的发展，但不是在农用地上"种房子"，农村产业化发展的任何阶段都必须以农业为基础，防止"去农""脱农"倾向，避免舍本逐末。正如战旗村的现任书记高德敏所言："农业发展，不能脱离农字，不能让农村建设搞着搞着就完全城市化了，那样就不是农村了，我们要搞出自己的特色来。"战旗村从建村之初的"条田化"土地改造到发展村集体企业，到土地流转规模经营，再到现今农文旅相结合的多元化发展，始终没有脱离"大农业"的范畴，这点对于大多数中国农村发展而言具有重要的启示意义。随着城镇化的发展，部分农村的消亡是不可逆的历史趋势，但除了少数位于核心城市周边和不再适宜居住地区的农村，大量村庄的存在仍然是中国在很长一段

时期中最重要最显著的特征。农村仍然是几亿农民赖以生存和发展的根基，因此不管城乡融合过程中城市生产要素如何嵌入农村，"以农为本"必然是农业发展、农村振兴、农民富裕的基石，其产业发展模式理应是"农业+"。只有始终把握这个方向，村集体和农民才有可能在要素配置的组合中获得发展的主动权，才可能实现其利益与新产业新业态发展的紧密相连。

把握"一二三相融合，农文旅一体化"的发展方向

传统的农业是弱质产业，不仅风险较大，而且难以支撑乡村振兴其他四个方面的发展，因而需要打破传统第一产业的边界限制，实现一二三产业融合或第一产业向二三产业的延伸，进而培育和发展新的产业或形成新的业态，推动农业生产、生活、生态功能不断拓展，通过"农业+旅游""农业+生态""农业+文化""农业+双创""农业+互联网"助推乡村旅游、农产品精深加工、农村电子商务、农村养老服务、农村文化创意等新产业新业态的蓬勃兴起，从而成为促进农业转型升级、农村跨越发展和农民持续增收的强大动能。但需要注意的是，战旗村以及郫都区的其他试点村的产业发展实践表明"一二三相融合，农文旅一体化"的发展需要循序渐进，需要在一定的条件下才能实现，而且其具体形态也要契合本地的政策条件、土地资源、地理位置、环境条件、集体组织、经济发展阶段等村社民情。

从纵向的时间维度来看，对于最初以传统种植业为主的农村而言，以农业为基础，实现一二三产业相融合的发展路径往往会经历几个阶段，战旗村的产业发展正是经历了以种植业为主的"小农业"，到"一二产业联动"，再到"一二三相融合"的发展历程。在2006年之前，传统种植业是战旗村的主要产业。2006年后，战旗村实现了全村土地集中流转，成立农业股份合作社，着力培育专业种植大户，发展适度规模

经营，建设现代农业产业园；以"村＋企＋社"为经营模式，通过土地自主经营、租赁给种植大户、引入农业龙头企业等方式，建设无公害蔬菜示范基地、现代育苗中心、杏鲍菇生产基地、有机蓝莓园等；发展订单农业，为龙头企业提供原料，推动绿色蔬菜规模化、标准化生产，以及农副产品产、加、销一体化。2011年，随着"第五季·妈妈农庄"项目的实施，战旗村的产业发展向文旅产业延伸。为实现现代农业产业园升级成为国家级农业公园的目标，战旗村提出了"保护生态、表现形态、服务业态、传承文化融合为一"的发展思路。2015年，在实现第一宗集体经营性建设用地入市之后，"第五季·香境"商业综合体、"乡村十八坊""乡村振兴培训学院"等一批文旅项目相继落地，战旗村的农文旅相融合的"大农业"发展格局雏形凸显。

从横向的区域维度来看，不同地区，甚至同一地区不同村庄在发展"大农业"时，也应该有差异、有规划地逐步推进。与战旗村同在郫都区的其他试点村由于自身产业特点、基础条件、发展阶段不同，当前产业发展的模式和重点也有差异。例如，德源镇东林村和安德镇广福村由于原有产业以特色农业为主，而且文旅等新产业新业态发展所需的基础条件较弱，因此当前这两个村产业发展模式的主要特点是高度契合原产业，延伸农业产业链，即通过集体建设用地入市引入农业企业，对原产业进行提档升级，加快一二产业融合，实现农业的横向拓展和纵向转型。以水稻种植为主要产业的东林村引入了袁隆平国家杂交水稻"种业硅谷"项目；广福村引入农业龙头企业，对原产业"干撕韭黄"进行品质提档、品牌升级，并对副产品进行精深加工，进而将韭菜种植拓展至食品加工、医药、美容等产业。这两个村的进一步发展规划是在一二产业形成规模之后，以此为基础打造特色旅游业。而友爱镇的石羊村，尽管由于不是土地制度改革的试点村，难以获得集体经营性建设用地入市、宅基地有偿腾退等政策红利，但也确定了利用花卉苗木特色产业的比较优势，打造特色旅游业的发展思路。

### 增进集体经济组织的内生发展动力是产业发展的关键

第一，集体经济组织要牢牢掌握土地发展权，创新土地经营机制，更多采取作价入股、自主开发等形式，开办集体企业、充实集体资产。第二，优化集体经济组织内部治理结构，大力培育和引进农村经营管理人才，在此基础上推行职业经理人制度，形成村民股东大会、董事会与职业经理人的委托代理关系，进一步从结构和功能两方面厘清村两委和集体经济组织之间的关系。第三，依托集体建设入市项目引入的龙头企业，形成专业合作社及农民稳定的技术资本服务协作关系，实现合作社的实体化运营，并逐步将专业合作社拓展成为以乡村社区为基础的综合性合作组织，以进一步加强与农民的利益关联。第四，把小农户经营纳入产业链条和新业态，健全农民分享产业链收入的机制，稳定农民与各类投资主体之间的利益联结。通过严格准入、动态监督、事后监管等机制，防止出现资本排挤农民，致使农民失去经营主体地位，剥夺农民的发展机会和利益。

### 村集体要牢牢把握发展的主动权

改革开放后农村农业现代化的历史进程已经表明，仅凭农村自身的发展不足以实现乡村振兴，只有城乡融合才是农村发展的根本途径，而实现城乡生产要素的双向流动既是城乡融合的应有之义也是其实现条件之一。对于农村而言，土地资源是相对城市最重要的比较优势，对于部分禀赋条件较差的农村甚至是唯一的资源，因此农村发展必然会经过土地换资金、土地换产业项目的阶段。在新的经济力量进入农村，各种城市生产要素与土地等农村资源相结合，以及治理主体多元化的趋势下，如何把握发展的主动权，这是村集体实施乡村振兴战略必须要面对的问题。对于战旗村而言，也不例外。

21世纪初，战旗村进行村集体企业改制之后，其主要领导干部总结了两条经验：一是仅凭自身力量难以实现村庄发展质的飞跃，必须充分借助外部力量。二是村集体必须牢牢把发展的主动权掌握在自己手中。这两条经验贯穿于战旗村发展的各个阶段，其中以敲响四川省集体经营性建设用地入市"第一槌"的实践最为典型。战旗村作为此次改革的先锋，除了有完成改革试点先行先试的自上而下的"政治任务"要求，更有其将土地资源与外来资本相结合发展，进而在此基础上谋求自主发展的战略考量。四川迈高旅游资源开发有限公司拍得入市宗地，建成"第五季·香境"商业综合体，大大优化了村庄面貌，提升了旅游资源，之后，战旗村时不我待地打造了完全由村集体自主经营的"乡村十八坊"。"相比出让土地、租赁土地，'乡村十八坊'是牢牢地将经营权、收益权把握在村集体当中，真正让更多的红利留在老百姓自己的手中。"高德敏如是说。在打造"乡村十八坊"之后，村集体便已明确了今后主要由村集体自主开发留存的集体建设用地，进而壮大集体经济的基本发展思路。

总而言之，战旗村的产业发展路径可以概要归纳如下：发展初期，借助政策红利，让渡部分土地的权益换取资本、项目和外界的关注，与此同时通过土地入股的方式换取部分主动权；然后通过文旅项目优化村庄面貌，完善旅游基础条件，丰富旅游资源；在村集体经济组织壮大，且名声在外之时，抓住机遇实现自主经营。

如果将战旗村的实践提炼成一般性经验，农村要把握发展的主动权，需要从村集体和基层政府两个主体入手。对村集体而言，一是要把握村庄产业规划的主动权，不能完全交由拟引入的工商企业进行规划。二是要把握土地经营的主动权。通过流转的承包地和集体建设用地作价入股的方式与外来工商企业进行合作，不能完全采用租赁或出让的方式，避免变相的"以租代征"或"资本圈地"行为。三要把握农民长期发展的主动权。除了通过土地股权量化与村集体经济组织形成的"委托代理"获得权益保障外，村集体经济组织还应以契约的方式，要求资本方对村民进行适应产业项目运营管理的相关培训，并享有优先被雇佣的权利，此外应扶持村民自主创业，参与以产业项目为平台的其他配套衍生项目。

对基层政府而言，一是要建立县（区）一级的产业融合平台。由领导班子成员牵头，国土、农业、发改、财政、工商、旅游、环保、银行等部门，以及各镇相关负责人参加，对农村新产业新业态进行明确的界定与分类，制定全域集体建设土地入市项目指导性目录，并根据各类新产业、新业态的特征提出相应的用地保障需求。国土管理部门则针对各类新产业、新业态的特征，分类制定用地标准和用地保障方式，并将建设用地规模和年度计划指标向农业产业融合发展项目倾斜。同时，从土地用途管制、项目建设进程、投融资风险、合同执行、村集体参与决策、农民增收、集体资产壮大等方面对产业项目进行评估和监管。二是以"三个有利于"作为评判引入新产业新业态项目的标准。（1）有利于夯实农业的核心地位。牢固树立"农业为先，农地为本"的理念，立足于"服务大农业、发展大产业"，优先服务保障农业与其他业态融合发展。（2）有利于保障农民参与决策权利，增进农民可持续性收益。系统分析引入项目与农民利益的关联机制和链接方式，增加项目与农民长期收入获得性的权重，优先发展与农民生产密切相关，有助于提高其生产经营能力和实现长期就业的产业。（3）有利于壮大村集体经济。优先发展村集体以入股形式参与决策及运营管理，有助于培育本地经营管理人才的项目。三是审慎引入农村产业项目。防止产业项目的非农化倾向。坚持基本农田保护和生态保护"红线"，防止在建设过程中占用或破坏基本农田，防止大拆大建破坏村庄基本生态面貌；对于引入的文创、科创、康养休闲等项目,强化集体建设用地的管理,严禁违法违规变相搞房地产或建私人庄园会所;坚持"大农业"的发展思路,在凸显农业核心地位的基础上,明确支柱产业、配套产业和衍生产业与农业之间的关联,防止"脱农""去农"倾向。

# 人才培元：村精英与职业农民

如果说土地是农村发展最重要的自然资源，村庄精英和现代职业农民则是乡村振兴最活跃、最具能动性的人力资源，是农村现代化建设和乡村振兴的主力军。纵观当代中国先进的村集体，每个集体繁荣蜕变过程中都有凝聚整个村庄的强大组织和领导力量。正是这些村庄领导人的非凡胆识和过人才干，加上被激发的农民智慧，共同成就了区别于传统落后农村的新农村。

## 领导：村精英

在中国传统农村中，由于知识能力的限制和"集体行动的困境"，分散的小农往往难以有效地参与村庄治理。因此，"能人治村"的精英模式成为传统农村社会的重要特征，常见的能人治理即是费孝通先生所说的"长老统治"。自20世纪初以来，国家逐渐加强对农村社会的控制，能人治理从"长老统治"开始变为体制内的行政控制。随着改革开放的深入，家庭联产承包责任制的实行以及市场经济的渗入，农村社会出现大量个体户、乡镇企业，其中具有较高文化素质、眼界开阔、头脑灵活、思维超前的一些人在经济改革中先富起来,这部分经济能人逐步成为了新的村庄精英,深刻地影响着村庄的治理结构和发展轨迹。随着村民自治制度的实施、基层党组织建设和基层社会治理的推进,村级政权成为村庄发展的关键主体。

村级政权作为国家政权结构的神经末梢,是国家权威的一种行政性嵌入,权威来自中央政府的授权或制度建设,面对的工作对象是基层的广大民众,同时村级政权成员(村庄精英)也是来自基层,来自自己生活的共同体中,因此村级政权具有一种非典型的"二元性质"——一方面需要承接政府的行政意志,另一方面则需要顾全村民的利益诉求。国内外诸多学者都对这种乡村政治精英的"二元性"做出了自己的阐述。杜赞奇指出,近代乡村精英作为"保护性经纪人"逐渐淡出乡村社会,转为"营利性经纪人",国家政权建设的民间资源被各种"营利性经纪人"用来谋取私利,导致了乡村经济凋敝和社会失控(杜赞奇,2002/1988)。但是从战旗村的案例来看,以党支部书记和村委主任为代表的村庄精英们既不是运用强势的政治与行政权力,对集体经济进行算计和垄断,进而谋取私人利益"政权经营者",也并非完全在扮演"保护性经纪人"角色,因为战旗村的村级政权并没有排斥国家政策权力进入村庄,反而通过一些策略吸引政府的政策注意力,能动性地去适应上级相关"三农"政策的调整,积极引进政府的政策支持,利用行政资源和组织资源探索创新集体产权制度和土地经营权制度的治理结构和利益分配结构,并保证新制度的有效实施和运行。换言之,战旗村的村庄精英们更像联结国家、社会与市场的村庄"运营性经纪人"。

村庄的"运营性经纪人"具有开阔、长远的视野,对政策方向有着敏感的观察力和预见性,以发展、全局的眼光看待村庄的整体发展,能够及时地察觉村庄治理和发展中存在的问题以及预测村庄未来发展的前景。在承接上级政府政策要求的基础上,在特定的制度框架内,充分发挥乡村自主、自治的村级政权的作用，进行农村社会发展的制度创新实践。他们不再是单纯的村庄行政管理者，而是升格为村庄发展的"运营者"，能够合理利用和充分挖掘村庄潜在资源，推进乡村自治精神的发育。

村庄的"运营性经纪人"善于把握时代发展脉络，与时俱进，不断借鉴学习、吸收先进的理念及发展经验。战旗村的领导干部们正是这样一类善于学习的人。虽然身在中国西南的一个小村庄，但他们具有长远的眼光，时刻关注整个社会的发展、国家的政策导向，关注农村、农业的最新动态，紧跟时代发展步伐，通过一系列走出去、请进来的措施，找到适合战旗村发展的模式及具体的措施、办法，从中产生新的思路、想法，加以创新，使得战旗村始终保持进步。

村庄的"运营性经纪人"往往具备一定的企业家素质，例如战旗村的现任书记高德敏曾是村委会计，也曾经营个体企业，因而在创建并运营集体经济组织，把握市场动态，实现产村融合等方面具有独特的见解和实操能力。不仅如此，这些村庄精英往往担任村书记或村主任，其政治角色、自治角色和经济角色的重合，使其兼具各种权力来源赋予的权威，他们位于"乡政村治"网格中的枢纽位置，因而在整合村庄内外各种资源，协调各种利益主体之间关系，对上争取政策资源、对内调动村民积极性、对外链接经济力量方面具有较强的能力。此外，村庄的精英一般是土生土长的当地人，而且有过市场经济中摸爬滚打的经验，与此同时又在党组织中得到了锻炼，具备较高的政治素养，因而在做出重大决策、推动改革时，既能用贴近村民的乡土智慧和方法做通村民的思想工作，处理村庄中复杂的人情世故和人际关系，又能把握政治方向，确保村集体沿着正确的道路发展。这点在战旗村各阶段重大改革发展举措实施过程中表现得淋漓尽致。

核心：职业农民

毋庸置疑，以村干部为代表的村庄精英是领导村庄发展、实现乡村振兴的关键人物，尤其是在面临重大发展机遇之际，但仅凭少数几个精英的力量是难以实现村庄可持续发展的。一方面，随着城市化进程加快，以及城乡二元结构壁垒逐渐打破，农村大量劳动力进城务工，务农兼业化日益严重，部分地区农业资源浪费问题突出，土地和劳动力等资源利用效率下降，部分乡村衰败甚至消亡，农村中的骨干人才大量流失。另一方面，市场经济改革的进一步深化，以及党和国家一系列城乡统筹、产业融合政策的实施，使得城乡生产要素双向流动频繁，一二三产业更加紧密，乡村治理结构更加复杂多元，这意味着部分农村，尤其是大城市"增长极"辐射的周边农村已经逐渐改变了以传统种植业作为产业基础、以务农为主要生计手段、以"乡政村治"为单一治理格局的样态，这客观上需要以大农业生产为主要职业，面向市场，适应现代农业发展的新型职业农民。

早在2012年，中央一号文件《关于加快推进农业科技创新持续增强农产品供给保障能力的若干意见》就明确提出"大力培育新型职业农民"，为农业现代化发展培养一大批农村发展带头人、农村技能服务型人才、农村生产经营型人才等农村实用性人才。党的十九大报告进一步指出，实施乡村振兴战略，要培养造就一支懂农业、爱农村、爱农民的"三农"工作队伍。2018年12月，习近平总书记在对做好"三农"工作的重要指示中再次要求"加强懂农业、爱农村、爱农民农村工作队伍建设"；2019年中央一号文件再次强调，"培养懂农业、爱农村、爱农民的'三农'工作队伍"。"一懂两爱"成为以习近平同志为核心的党中央对"三农"工作队伍的基本要求。

国家从粮食安全、农业现代化和乡村振兴的角度强调了培育新型职业农民的重要性，而对于战旗村的具体实践来说，对新型职业农民的需求是其集体经济发展和产业发展的必然结果。根据前文所述，战旗村自建村以来就有发展集体经济的传统，当前更是形成了"共享经济体"和农文旅一体"大农业"的发展模式，村集体面临的主要工作已经是股权改制、土地制度改革、产业园区管理、项目引进与落地、利益分配、集体经济组织经营管理、社区建设与治理等议题。村民的收入结构也呈现多元化趋势，主要收入来源非农化特征已经十分明显，因此对人才的需求已经转变成以"有文化、懂技术、会经营、成组织"为基本特征的新型职业农民。这一点，高德敏书记早已有清醒的认识："我们现在最需要的是懂得集体经济组织经营管理的人才。"在此背景下，战旗村采取了一系列举措来培养这些人才。

大力培育本土新型职业农民，打造乡村振兴的中坚力量。一是全面摸清辖区范围内可利用的培训资源，创新创业资源，建立就业创业服务工作台账。二是针对性地组织创业意愿强、有一定文化基础和经济头脑的村民参加多种形式的就业技能培训，分类培育布鞋匠人、竹编艺人、蜀绣达人等非遗传承人，发展传统手艺，造就更多乡村本土人才。三是依托战旗乡村振兴培训学院、农民夜校等载体，有针对性地开展农村创业人才、服务人才培训，对农民企业家、新型农业经营主体和农民常态化开展实用技术、实践技能操作等培训。截至2018年，战旗村开展培训7期1500余人，480多户办理了工商营业执照，利用12套闲置的农房办起了农家客栈。200多名农民第一次有了种植、园艺、加工等专业技术职称。120多名大学生扎根战旗村，600多名各类人才留在郫都区农村创业发展。

引进留住优秀人才方面，构建柔性人才招引机制，瞄准战旗乡村规划、特色产业发展、品牌打造等领域，制定出台人才引进补贴、住房、医疗、子女教育等精准吸引能人的措施，为新乡贤等优秀人才营造自然舒适的创业置业环境和无微不至的服务,吸引一批优质外来人才,培育成为新村民、新乡贤。从甲骨文公司返乡创业的秦强,看好郫都区乡村发展的良好机遇,带领 20 多名大学生创建全国"互联网+共享农业"互动种养平台。打好"乡情牌",架设"连心桥",留住一批本地优秀人才扎根战旗村投资创业。曾在红原创业的"金针菇种植能手"李宗堂,看到了家乡创业的良好环境和美好前景,怀揣着对家乡的养育感恩之情,选择回乡创业,先后创办远近闻名的"中延榕珍""汇菇源"两个食用菌工厂化生产企业。

# 文化固本：自主自助自创精神

中国的农民从来都不缺乏"自主自助自创"精神，从过去到现在，中国农村的每一次进步和发展，都离不开农民的"三自"精神。无论是1978年安徽凤阳县小岗山的18位农民敢"冒天下之大不韪"，勇敢地实行"大包干"，掀开了中国农业"包产到户"的历史性变革，还是土地承包经营权流转的制度创新，无一不包含着农民"三自"精神所蕴含的勇气和智慧。尽管如此，农民作为一个弱势群体长久以来被贴上"传统""保守""落后"的标签，并且在城镇化加速、农民原子化、家庭联产承包责任制生产力释放达到极限的今天，政界、学界、实务界始终都有一种声音：通过外生的城市化进程来解决"三农"问题。但战旗村的发展变迁历史再次表明，越具有自主、自助、自创的精神，越早创新土地经营模式和走集体化发展道路的村庄，越有可能在新的制度环境下获得新的发展空间。农民"三自"精神仍然是解决"三农"问题、实现乡村振兴的本源性力量。

一是摈弃"等、靠、要"的思想，积极主动利用各种资源谋求自主发展。每一个发展时期，战旗村都秉承"三自"精神，紧跟改革步伐，顺势而为，充分利用政策红利，以土地为根本，以集体为依托，以加快农村经济发展与转变农民生产生活方式为两大抓手，尊重农民的创造力和朴素的发展哲学，充分调动全体村民的积极性，走新型集体化发展道路，以获得持续发展的内生动力。建村之初"一穷二白"，自主修土窑烧砖建新村；"文革"时期不放松粮食生产；农业学大寨回来进行村庄规划，开展土地"条田化"改造；改革开放初期利用本村资源兴办村企；21世纪初主动请专家学者讲课，树立村民产权意识，开展企业产权改革，成立集凤实业总公司；新农村建设时期开展土地综合整治和土地承包权流转，成立农业股份合作社、修建集中居住社区；新一轮土地制度改革时期，主动请缨积极参与集体建设用地入市、宅基地"三权分置"改革；乡村振兴新时期推动农文旅融合发展。可以说，"三自"精神已经成为战旗村发展恪守的坚定信念和本源性精神力量。

二是建立强大的农民自主合作组织。建立农民自主合作组织的意义在于：第一，有助于调动农民参与村庄公共事务的积极性。农民自主合作组织成立的原则是"自愿、平等、共赢"。在自主合作组织内部，所有的集体成员一律平等，农民自愿加入组织，平等地参与组织经济活动，平等地享受权利，共同承担外部的风险，共同享受集体收益，这样能极大地调动农民的积极性。战旗村在"三分地集中"实验基础上，成立农业股份合作社，得到了村民的大力支持，并且在成立后实实在在地壮大了集体经济，提高了农民收入。第二，有利于开展农业产业化经营，形成集约化、规模化效应。以家庭联产承包责任制为基础的农业生产模式，不能形成规模效应，损耗过大，同时也不利于发展农业产业化经营。通过成立农业股份合作社，把所有村民的土地集中起来，发展农业产业化，可以形成明显的集约化、规模化效应。第三，有利于农业新技术的使用，提高农业生产效率，降低生产成本。任何新技术的投入使用，都存在一定的置换成本和置换风险。单个农民在自行组织生产时，从个体的成本收益角度出发，投入农业生产的资源很低，这不利于农业新型技术的应用和推广。农民依托集体组织，采用新技术的置换成本和置换风险可以得到分摊，农民更容易接受，从而降低农业生产成本，提高农业生产效率。第四，有利于分担农业产业化发展中的各类风险。农业生产受到土壤禀赋、气候条件、区位环境等复杂自然环境的影响，单个农民抵抗风险的能力十分有限，尤其是遭受突发性的自然灾害，更是如此。建立自主合作组织可以在预防自然风险、组织有效的生产自救、灾后恢复生产方面大大提高农民抵抗自然风险的能力。此外，自主合作组织还有助于农民抵御市场风险。一方面，社会主义市场经济发展过程中，农民越来越广泛地参与市场交易进程，以市场为导向来配置各类经济资源，其经济行为也因此越来越依赖于各种市场化的社会服务体系，面临越来越复杂的系统性风险，原子化农民就像市场洪流中的一叶扁舟，难以抵御市场经济的风险。另一方面，村集体的发展离不开外部力量的支持，必须积极争取外部生产要素，但如果村集体自身实力不够强大，不仅难以接纳和适应现代经济组织运行方式和市场规律，有效整合利用各种生产要素发展产业，而且可能在强大的资本力量面前丧失自主发展的主动权。正是因为以上四个主要原因，依托集体经济组织，走自主合作的发展模式是中国农民当前及未来发展的必由之路。

三是根据本村发展实际，创新经营发展模式。纵观战旗村的发展历程，自主创新经营发展模式的例子比比皆是。将民兵工作嵌入农业生产和文化生活；开展"沟端路直树成行，条田机耕新农庄"的田园规划；开展土地承包地"三分地集中"实验；打造"文化大院"；从"公司＋农户"到"村＋企"到"村＋企＋社"再到"共享经济体"集体经营模式的演化；打造"中国现代农业主题公园"；制定"生不添、死不减"集体资产股权量化规则；创新"党建保障＋法治思维＋民主决策＋利益引导"乡村治理机制"四维模式"；建立村集体资产管理公司；敲响四川省集体经营性建设用地入市"第一槌";制定土地增值收益分配的"二八原则";创办乡村振兴培训学院……

中国国土幅员辽阔,环境复杂迥异,历史绵延悠长,文化杂糅包容,形成了"十里不同风,百里不同俗"的乡土社会样态,以及发展极其不平衡的基本格局,这导致统一的政策和制度在不同区域乡村的实践效果具有迥然的差异。从这个意义上讲,基层农村只有在审时度势,紧跟政策趋势的前提下,根据实际的村貌民情,自主创新经营发展模式,才可能将宏观政策利好转变成有助于自身发展的有效资源。因此,只要不突破"政策底线",基层政府就应该鼓励、尊重有利于集体经济发展、有利于提高村民生活水平、有利于实现乡村振兴的自主创新实践;对于改革试点村,更是应该鼓励其先行先试、走在前列、做好示范。基层政府应该对村集体的自主创新进行必要的监督,确保改革创新符合村民的意愿、不损害村民的利益,确保集体决策民主、公正、透明、合规。基层政府还应对村集体的自主创新提供必要的指导和帮助,提供可能的政策空间和相关资源。此外,基层政府还应及时总结、上报、推广经实践证明有效的村集体自主创新。例如,郫都区制定的关于集体经营性建设用地入市的很多创造性的制度设计,都是在战旗村成功实践基础上提炼总结的。

对村集体而言,自主创新还意味着要"走出去,请进来"。自创精神并不意味着"闭门造车",利用他山之石,结合本村实际情况,方能走上可持续发展的道路。这也是战旗村自主发展过程中的另一个重要经验。

走出去,学习他山之石。20世纪70年代,全国掀起了学习大寨的浪潮。战旗村也紧跟时代步伐,罗会金书记参观大寨回来,带领战旗村的村民发扬艰苦奋斗的大寨精神,开展了土地整理工作;李世炳书记从大寨参观学习回来后,搞起了郫县的第一个农民集中居住区。20世纪

90年代市场经济改革的深入为农村发展带来了更大机遇，第五任书记易奉先去深圳党校参加了学习，对股份制有了更多的理解，回到战旗村成立了集凤实业总公司。第六任村书记高玉春在重庆调研了涪陵榨菜项目之后，将其引进到战旗村，利用现有的豆瓣厂，直接对收购回来的榨菜进行加工销售，形成了"公司+农户"的产业模式。第七届村两委上任后，李世立书记带领村委班子访问南街村和华西村，学习他们的发展经验，回来后决定实行土地规模化经营管理，实行"三分地集中"，最终形成了"村+企+社"的农业产业化模式。现任书记高德敏曾于2011年、2012年两次获邀参加全国村长论坛，他认为村长论坛这个平台对农村经济的发展有非常重要的促进作用，有利于加强村与村之间的交流，有利于学习先进村的做法。通过论坛这种经验交流形式，再一次开拓了战旗村的发展思路。

　　请进来，知识为我所用。战旗村重视人才，重视知识，邀请专家学者来村举办讲座。面对村集体资产大量流失，村集体企业所有权关系混乱的状况，战旗村村委会专门邀请了西南财经大学金融、管理方面的专家来讲课，使村民明白了企业的经营者与所有者之间的区别。随后，村委会趁热打铁，逐步收回了厂长手中的村集体企业。战旗中国农业公园的建设中，"第五季·妈妈农庄""乡村十八坊"即是借鉴了日本的模式，"瓜田李下农业乐园"引入了山东省先进的农业设施技术。

　　学习不是目的，模仿不是终点。战旗精英在一步步走出去、请进来的道路上不断摸索，不断开拓创新，结合自身实际，时刻保持清醒。正如高书记所讲："我们要善于学习，但学习不是简单的模仿，我们要想在前头，不能走别人的老路，只是模仿的话永远不会成功。"

# 第四篇 纪实

习近平总书记说，"火车跑得快，全靠车头带，支部强不强，关键看'领头羊'"。加强党组织的自身建设，"特别要强调的是，一定要选好党支部书记，没有一个好带头人，就带不好一班人"。如果把党组织比作车头，那么村书记就是火车头上关键的一环。翻开战旗村的发展历史，总会发现一代又一代战旗人敢想敢干、锐意进取的身影，而这当中，村书记这个带头人功不可没。从最初的蒋大兴到现任的高德敏，战旗村经历了八位村书记的励精图治，在他们的带领下，战旗村的党组织形成了开拓创新、善于学习的精神品格，全体村民艰苦奋斗、团结一致，逐步走上了一条改革兴村的正确道路。本篇记录了课题组对战旗村八位村书记的访谈，以期通过他们的视角重现战旗村的发展历程，展现基层党组织在改革兴村中发挥的引领作用，同时也从历史中洞悉"战旗飘飘"的奥秘。

# 蒋大兴：用战斗的旗帜引领前进

| 人物简介 |

> 蒋大兴，1915年生，1953年加入中国共产党，1952年金星大队土地改革时期担任金星大队农会组长，1956年担任金星大队村委会主任，金星村分家之后，1965年至1969年担任战旗村第一任村书记，20世纪70年代负责管理油联厂。

新中国成立前的蒋大兴是一名普通佃农，曾做过长工，只读过两年左右私塾，但他凭着特有的智慧和努力，带领战旗村开始了艰苦的村庄建设历程，开启了战旗村走向辉煌的道路。

蒋大兴1952年在金星大队担任农会组长，1953年统购统销后担任过村主任和农业生产合作社主任。1954年大搞互助合作，"合大社"①"大鸣大放"②"大炼钢铁"等运动此起彼伏，蒋大兴工作非常忙碌，紧接着在"四清运动"③中，蒋大兴受到了影响，成为清查对象，后来才得到平反。1956年蒋大兴被选为金星大队村主任。在1965年开始的合大社潮流后，金星大队被分为金星村、向阳村、战旗村三个部分，经群众公开选举，由蒋大兴担任战旗村村书记。

战旗村刚成立的时候几乎是一穷二白，分家时除了三间猪圈房以外，还有700多元的外债。据蒋大兴书记介绍，就在分家的第二天，房上的檩子都被偷走了，三间猪圈房就只剩下一堆杂草。蒋大兴便带领大家修建了两间简陋的大队办公室，并且在当天组织选举产生了由五人组成的战旗村大队委员会。在蒋大兴担任村支书期间，有一次柏条河涨水，蒋大兴当机立断带领大家打桩疏水，终于使得河下游的几十万斤油菜地免遭重大损失。1966年"文化大革命"开始，战旗村人人加入到革命队伍中，有参加"红卫兵"的，也有参加"造反派"的，但蒋大兴告诉村民：战旗村分村了，不能再靠别人了，要靠自己努力过上好生活。蒋大兴始终强调生产的重要性，他认为不管搞什么革命，首先要把

---

① 关于在我国农村建立"大社"的思想，早在农业合作化运动的高潮中已初见萌芽。1956年完成了农业的高级合作化，每社平均200户左右。1957年冬和1958年春的农田水利建设高潮，又出现了联队、联社。毛泽东考虑到当时以大搞兴修水利为特点的农业生产建设的发展需要，觉得需要办大社。1958年3月，中共中央政治局成都会议通过了《关于把小型的农业合作社适当地合并为大社的意见》。1958年8月，中共中央政治局扩大会议通过了《中共中央关于在农村建立人民公社的决定》，推行人民公社化运动，撤乡、镇并大社，以政社合一的人民公社行使乡镇政权职权，农业生产合作社改称生产大队。

② "大鸣大放"中的"鸣"与"放"是"百家争鸣""百花齐放"的缩写或简称。所谓大鸣大放，就是以大字报的形式，用"大鸣大放"形式提意见，是1957年春夏，共和国开展整风和"反右"运动时，新出现且风靡一时的政治语汇。

③ "四清运动"是指1963年至1966年，中共中央在全国城乡开展的社会主义教育运动。"四清运动"一开始在农村中是"清工分、清账目、清仓库和清财物"，后期在城乡中表现为"清思想、清政治、清组织和清经济"。"四清运动"对于解决领导干部中存在的作风问题和经济管理方面的问题起了一定的作用，但由于把多种性质的问题简单归结为阶级斗争或者是阶级斗争在党内的反映，致使不少基层干部遭到错误的处理和打击。

生产搞好，这才是真正的革命。他常常规劝村民尽量少去或者不去搞串联、闹革命。在他的引导下，村里人陆续退出"造反派"，没人再去造反。

战旗村村名的由来与蒋大兴书记分不开。在战旗村并入金星大队之前，该地被称作集凤村，因流经当地的一条河流上有一座石拱桥——集凤桥而得名，战旗村从金星大队分离之后改名为集凤村。当时郫县三道堰被称为"战旗公社"，意为用战斗的旗帜引领前进，蒋大兴书记觉得很有意思，在一次聊天中跟村民提起："既然他们叫战旗公社，我们叫作战旗大队有啥不可以呢？"自此，战旗村这一响亮的名称沿用至今。

20世纪70年代初，蒋大兴工作调动，被组织上安排到油联厂负责管理工作，直至退休。

## 罗会金：沟端路直树成行，条田机耕新农庄

| 人物简介 |

> 罗会金，战旗大队成立前担任生产队队长，1969年至1975年担任战旗村第二任村书记，1975年调入公社任党委书记。罗会金作为战旗村的第二任书记，肩负着战旗村发展承前继后的重要作用。

一无所有，白手起家

罗会金在担任战旗村书记之前，在金星大队任生产队大队长，蒋大兴任书记。战旗大队从金星大队分出来之时，罗书记便提倡"勤俭持家"，一切以勤俭来办，没有东西就用土办法来制作。他带领群众将猪圈简单整理了一下，用土砖修了一下，用泥巴制成的土砖砌了凳子，就当作了办公室。罗书记回忆战旗村建村初期的艰苦条件时说道："当时

一无钱二无粮,几任书记几乎都是白手起家。"

### 土地规划,创建良田

1968年,战旗大队从金星大队完全分出后,罗书记(时任大队长)首先带领村委对战旗村土地进行整理规划,提出了"沟端路直树成行,条田机耕新农庄"的口号,将土地全部"条田化",每两亩地划成一块田。晴天大干、雨天坚持干,大概三年时间,战旗土地都划成了条田,沟也全部整理成直的了。罗书记的努力并没有就此打住,而是更加干劲十足。1965年4月,大队长罗会金提出了"干部要学陈永贵,社员要学大寨人"的口号,带领群众学习、发扬大寨精神,继续勤俭持家建设发展战旗村。通过开展声势浩大的"农业学大寨"农田基本建设,将战旗村的农田由原来高低不平、大小不一的小丘、小田改造成了方方正正的标准化农田,沟、渠、路相通,灌排方便,从而提高了战旗村的土地耕作水平,为后来战旗村每年的粮食增产增收奠定了坚实的基础。

### 成立农机站,提升农业生产效率

在人民公社时期,由于对战旗村土地进行了全范围统一规划,战旗村集体的粮食生产自此每年都会有结余。正是在罗书记的带领下,战旗村成了郫县粮食生产模范村,受到了县委县政府的重视和表彰。为了进一步提升农业的生产效率,罗书记提出建立拖拉机站(又称"农机站"),带领群众用多余粮食卖来的钱购买拖拉机。头一年买了两台拖拉机,第二年又买了两台,大概第三年就有五六台了。最初考虑到没有人会使用拖拉机,罗书记就专门派人去公社的拖拉机站学习,进一步提高了战旗村粮食生产水平。此时,郫县其他村庄乃至中国的大部分村庄仍然采用最为原始传统的农业耕作方式,生产效率和产量不高。

**精神文明同步发展**

在战旗村物质生活水平逐渐提高的同时,罗书记并没有忽视丰富村民的文化生活。20 世纪 70 年代,罗书记带领战旗村积极组织开展形式多样的文化工作和民兵工作。这样的想法和举动得到了上级部门特别是县武装部门的高度认可和大力扶持。战旗村的民兵工作搞得如火如荼,誉满全县,被评为郫县民兵工作模范村。

20 世纪 70 年代初期,战旗村就试图实行农户的集中居住模式,整理土地资源,并且修建了一栋二层楼房,两个生产队在 20 世纪 70 年代末期就已经率先实现了集中居住(学习当时大寨大队的农户集中居住模式)。但是最后因为当时全国政治经济大背景和形势的变化、村委换届等原因,之后这件事情就告一段落。但是这反映了战旗村委的前瞻性眼光和对于人民公社时期集体劳动合作化模式的认可,与其他村庄集体化末期出现的情形形成了鲜明的对照。

罗书记深谙战旗村的起步对于今后发展的重要性,紧密团结战旗村群众,与群众同吃同住,一起挑起战旗村建设的大梁。罗书记从担任战旗村大队长开始,到担任书记五年,克服重重困难,开拓进取,为战旗村之后的发展奠定了坚实的物质和精神基础。

## 李世炳：烈火成灾何所惧，战旗地上绘新图

| 人物简介 |

> 李世炳出生于1939年，1952年入学，1957年初中毕业开始教书，1965年担任战旗村村委会计。1966年加入中国共产党，1971年担任战旗村村副书记，1975年至1978年担任战旗村第三任村书记。1980年调往新民场镇任党委书记，1985年离开新民场镇到县劳动就业局工作，直至退休。

李世炳书记在任期间，正好是战旗村稍微有了一点家底的时候，却被一场突如其来的大火烧掉了。大火之后，大家都很泄气，李世炳为了鼓舞大家，便提了一个口号："烈火成灾何所惧，战旗地上绘新图。"大火过后，他带领大家修沟、修渠、改造低产田，重建家园，带领战旗村

走过了一段艰难的日子。

**关于学大寨**

在农业学大寨时期，整个班子成员都是紧跟党的路线方针，严格按照党的要求和指示执行。李书记回忆说："要把村子搞好，往前走，不能往后退。但由于当时那种客观条件，有好多东西只能想，有这个想法而没有办法做。20世纪六七十年代，全国、全省涌现了很多先进典型，有很多白手起家的事迹，因此对人家非常羡慕，而且非常崇敬。当时，我们就在思考：像在我们这样一个地区，应该说是川西平原的核心地带，各方面条件都很好，为什么别人能做得那么好，而我们不行呢？就在这样的思考下，我们去参观了一些地方，凡是看到人家好的，就学习人家的经验。比如说，到仁寿县战斗四队参观，去学习人家的先进经验。战斗四队的先进典型是养猪的，当时肥料不像现在国家研发的化肥很多，那个时候肥料很少，主要是养猪（提供）。农民靠养猪，养猪不仅可以提供肥料还可以增加收入。"

20世纪70年代，李世炳开始担任战旗村副书记，主要负责宣传工作。1975年，李世炳获得了一个跟县委书记一起去大寨参观学习的机会。这一次参观学习让李世炳看到了今后村庄建设的方向。李世炳回忆说："七几年大寨是先进典型，但是我去看了之后，说老实话，我觉得那个地方条件比我们差得多，不过人家那个地方都成为了全国的一个先进典型，我们这个地方如果不弄点东西出来的话，确实不好说话，有点太对不起人。我去看了之后，我们县委书记问我有啥感想，我说反正回去过后不得浪费这次参观的机会，县委书记就笑了。"在临走之前，李世炳从大寨找了一包石头和泥土当作礼物给村民带回来了，然后在生产队长开会的时候跟大伙说："人家就是在这块石头的山梁上开发大寨田，就在这个沙土里面做出了高产，我们现在是黑土地，水利条件这么好，我们应该怎么办？"就是从那个时候开始，李世炳就有了修新村的想法。

## 关于修新村

与县委书记一起参观学习大寨后，李世炳回来就开始动员全村村民修建新村。首先就是向大寨学习到凤凰嘴（后改为向阳）开采石材。或许是战旗人追求新生活的强烈愿望和肯干实干的精神让当时的县委政府很受感动，随后便开始支援战旗村搞新村建设，不仅省委干校和建委捐助了几吨钢材，而且县科研所的专家也把制砖机器搬到了战旗村，在战旗村开始试点挖窑烧砖。据李世炳介绍，战旗村民兵连后来联系上了成都军区后勤部，他们支援了三台砖机，开始生产砖材。为了制作预制板，省干校的工人晚上到战旗村加班加点生产，就是在这样艰苦的条件下，战旗村先后修建了三栋新房，住了一个多生产队（当时的四队和八队），大概是20户人。新房子前面有个小花园，每家还能养猪养鸡，非常方便。李世炳笑着说，这个新房子在当时的条件下是非常好的，而且最值得欣慰的是，房子在2008年汶川大地震中没有受到丝毫影响。

李世炳常说修新村好，但是他觉得当时战旗新村没有修好，留下了不少的遗憾。他说："当门这方太窄了，除了中间有条马路，两边每户人起码应该有个小花园，小桥流水，有点假山之类，种点花种点草，每户人来了摆张桌子打打麻将、聊聊天，现在你看当门就不像样。毕竟要考虑今后生活水平提高，后人的活动范围就扩大了，如果全村再加宽点，（打造）小桥流水。水是养人的，有水才有灵气，每家每户要有水环绕。我们完全可以借都江堰的水，可是当初没有设计好，这是最大的遗憾。"

借着过去修新村的经验，李世炳也道出了他对如今的战旗新型社区的看法："现在战旗社区建得很漂亮，住着舒服，感觉跟城里一样，大家都觉得好。村里的干部也做了很多工作，花了大量的力气。既然上级领导鼓励集中居住，把土地多腾一点出来。作为我的想法，当然要考虑这个方面，但是我们更要考虑大家在二十年之后要怎么住？他们也许没有提到这问题，像目前这个新村庄的话，没有办法在现在这个基础上进行改造。现在还可以，再过几年就不行了。如果要改就得趁早进行规划，这么好的环境，再过几年就没法弄了。另外，虽然说房子修起了这是个大好事，可更多还是要生活（就业）。这个问题没有解决，群众永远不满意，如果你给他解决了这些问题，除了少数你满足不到的，绝大部分还是能够满足。所以说如果群众的生活问题解决不了，战旗新社区就一定存在着问题。当然，村干部如果一味只考虑个人利益，那就可能什么事情都做不成。"

### 关于民兵建设

战旗村在民兵建设时期，所有的村民建设积极性非常高，做任何工作都有军队的作风。当时国际的形势也比较特殊，民兵建设如火如荼，全国民兵工作渗入了各个行业，种田种地的都是民兵连。战旗村当时发挥民兵工作的特点，按照部队的编制，一个队就是一个排，一个村就是一个连，所有人雷厉风行，说干就干，把民兵工作与农田改造完美地结合在一起。据李世炳回忆，在民兵建设时期，任何时候只要发出一个号令，号声一响，无论是修沟种地，还是早晨开大会，全村几百人很快就集中起来，不占用正常的生产时间。民兵建设时期，战旗村无论是农业生产还是军事训练，在整个郫县都是排头兵，一直都是典型代表，村民不仅在精神生活上积极向上，而且物质生活开始逐渐富足。

### 关于包产到户

虽然包产到户真正推行的时间不在李世炳任职期间，但是他对包产到户却有着自己的想法。他说："我1978年调走之后，杨正忠来担任书记，按照我们村的条件，如果像华西村那样搞下去，肯定远不止今天了。据我了解，当时实行联产承包，社员都不想搞，在上级的指导下，战旗村推迟了一年才执行包产到户的政策。后来没得办法因为是国家政策，战旗村也不好更改，所以这个事情也不能怪当时的书记。但是，一个村庄的发展，还是得靠自己，如果完全靠上级政策的指引肯定不行，毕竟每个地方的实际情况都不一样，比如像华西村恐怕就不行。必须靠自己朝前走。其实，在全国搞联产承包时，还是有几个地方没有搞，比如说华西村、南街村都没有搞。后来再看，凡是没搞的都对了，都发展得很好。这并不是否定政策本身不好，而是每个地方都不一样，联产承包还是有积极的一面。现在中央鼓励大家进行土地集中，还有相关的政策（支持），和我那个时候的想法很符合，我双手赞成，连脚都会举起来，太好了。那个时候想做，没有办法没有条件，因为那个时候慢慢在开发了，你只有慢慢地引起上面的重视，知道你这点东西，肯定会支持你的。但是当时的形势（如此），并不能怪他们，这个没有办法。这就好比现在土地集中的政策看起来很好，但是再过二十年呢？那个时候会变成什么样子？"

据李世炳书记回忆，在1979年离开战旗村时他非常不愿意，因为当时战旗村正处在风风火火的新村建设时期，所有人干劲足，他一直想按照原先的预想带领大家把新村修建好，把战旗村的建设搞上去，所以是带着遗憾离开战旗村的。

## 杨正忠：团结是战斗力的源泉

|人物简介|

> 杨正忠生于1930年，1997年7月逝世，1978年至1993年担任战旗村第四任村书记。杨正忠任职期间，他脚踏实地、廉洁自律、心系群众，为战旗村的经济和社会事业发展做出了不可磨灭的贡献。为了再现八大书记带领战旗村励精图治的完整过程，关于杨正忠书记的事迹，主要由调研团队通过访谈杨书记的家人、村民和其他历任书记整理而来。

### 舍小家顾大家，一心为民谋利益

据村民介绍，杨正忠担任书记期间，一直坚持着先公后私，舍小家、顾大家，即便默默无闻，也无怨无悔。杨正忠工作耐心细致，只要村民有困难，他都能在第一时间得知并及时地给予帮助；凡是村民反映的问题，都会尽快予以解决，如果不能当即解决，他也会与村民进行沟通，直到大家认可为止。杨正忠除了严格要求自己，真心实意地为百姓办事，还特别注重整个干部团队的建设。他最大的特点便是不搞一言堂，非常注重团结一致，把团结作为凝聚力量的前提，常常挂在嘴上的一句话就是"团结是战斗力的源泉"。在日常工作中，杨正忠经常征求村干部的意见，凡是重大决策都会事先征求群众的意见，所以战旗村的决策执行力都非常强。杨正忠在任期间，村里没有发生过一起因村务工作而起的纠纷。

响应党的号召，推行家庭联产承包责任制

对于家庭联产承包责任制，战旗村有自己的苦衷。正如前面几位书记所言，战旗村绝大多数村民最初是反对实行家庭联产承包责任制的。当时在决定是否执行家庭联产承包责任制时，杨正忠也是反对过的。他在会议中给村民讲：战旗村不搞联产承包，大家有劲往一处使，粮食生产连年丰收，经济发展很好，但是国家有这方面的政策，战旗村还是得按照党中央的精神来办事。为了减少推行家庭联产承包责任制的阻力，按照县委的指示，一方面，杨正忠组织党员干部学习有关家庭联产承包制的文件精神，讲清其重要意义，统一大家的思想；另一方面，对于一些抵触思想比较严重的群众，杨正忠亲自登门做思想工作。凭借着这种务实的工作态度，杨正忠最终推动战旗村于1980年落实了农村家庭承包责任制。

抓经济促发展，创办集体企业

1978年十一届三中全会召开后，集中精力搞经济建设成为当时的主流，战旗村开始探索自己的经济发展之路。由于有之前战旗小土窑的建设经验，杨正忠开始思考发展村集体企业。进入20世纪80年代，杨正忠采用滚雪球的方式，先后创办了战旗村铸造厂、肥料厂、砖瓦厂、凤冠酒厂等12家企业。战旗村的集体经济正是兴盛于杨正忠任职的这个年代。可以说，杨正忠书记为战旗村的经济发展做出了不可磨灭的贡献。一个普通的川西农村，在没有丰饶资源的情况下，能建立起这么多集体企业，使村民过上殷实的生活实属不易。

**发展教育事业，培育下一代**

杨正忠不仅重视经济建设，发展教育事业也是他一直重视的重点工作。他在村民大会上常说，战旗村若是要发展，一定要把孩子教育好，孩子才是未来。杨正忠在任期间，利用村里的集体资金，多次翻修校舍；对于一些家庭贫困的儿童，还出资予以帮助。正如现任第八任村书记高德敏说："杨正忠书记虽已远去，但是战旗村的村史上永远会为他留一笔。"杨书记"一心一意为群众，急群众之所急，想群众之所想"的工作作风，就像风中摇曳的战旗，引领着战旗村走得更远。

# 易奉先：让老百姓好过，成为万元户

| 人物简介 |

> 易奉先，1945年生，1964年中专毕业，1968年担任战旗村生产队队长，1972年4月入党，1973年任战旗村村副书记，1977年被选为战旗村村主任，1993年至1995年担任战旗村第五任村书记。

"让老百姓好过，成为万元户"

"我那时候，想法其实很简单，就是想怎么才能让老百姓好过，怎么才能成为万元户。"这是在专访第五任党支部书记易奉先时，他对那个时代自己工作提到最多的一句话。

1989年，杨正忠书记卸任后，易奉先从村主任被选为村支部书记。易奉先中专毕业之后被分配到了郫县人民医院做医生，但由于对药品气味过敏，在 1965 年"农业学大寨"时期，村上搞动员大会又回到了村里。1968 年担任村生产队队长，1973 年被选为支部副书记。易奉先在担任支部副书记时，分管战旗村所有的经济工作，涵盖养殖业、种植业等多种产业，专门负责育粮、制种、培育样板。为了方便农田灌溉，1976 年由村集体出工出钱，易奉先带领村民深挖了两条沟渠，又修了一条 6 公里的马路。此后，还创办了一个农机站，有 7 台拖拉机，一年大概能赚 7 万多块钱。不仅如此，战旗村还在 1968 年办起了小土窑。谈到创办小土窑的历史，易奉先说道："其实最开始，（创办小土窑）只是为了修建村上的大礼堂，为开会、搞公共活动提供一个合适的场所。生产的砖瓦在用来盖礼堂这些公共场所之后，多余的砖瓦就拿出来对外销售。最开始的时候，这个砖厂收入一般，大概就解决村上几个劳动力，后来慢慢就壮大了。"

农业学大寨时期，主要特点是"一大二公""政治挂帅"。易奉先在接任书记之后大队工作便是按照这个要求进行的。"第一，以学习'政治挂帅'为主，每个星期一早上，都要搞政治学习，一般从七点钟学到九点钟，不管你是党员还是老百姓都要参加，要常常看报纸，学习当前形势。第二，'一大二公'。'一大'就是搞大生产，统一由大队指挥，实行工分制。一定要搞得大，搞得好，搞得能把人统一起来。那个时候每天都要下去检查。第三，所有的东西都要集体统一管理、统一分配。生产统一指挥，粮食统一分配，劳动承认差别，在工作上村干部要劳动三百天。"彼时，战旗村上有 476 户，人口 1768 人，1886 亩田，9 个生产队，每亩小麦收 170 斤，果子有 700 多斤。由于村民团结一致，村干部肯干、实干，集体经济搞得有声有色。到了 20 世纪 80 年代包产到户的政策推行下来时，战旗村绝大多数的村民都不同意包产到户。于是，时任村主任的易奉先便与村支部书记杨正忠到镇上与领导协商，领导的意见是要以大局为重。老百姓之所以不同意，主要是由于老百姓们都觉得集体搞得很好。当时企业发展起来了，挣了钱会拿出钱给老百姓分配，相比其他大队，村民的收入也比较稳定，吃穿用比周围村的都好一些，大家都有钱挣、有饭吃，还很团结，所以不想大搞。但由于包产到户是大势所趋，易奉先和杨正忠从镇上回来后，还是通过反复给村民做工作，最终将包产到户的政策实施了下来。

1977年易奉先被选为村主任，1993年担任村书记。1978年，十一届三中全会召开后，集中精力搞经济建设成为当时全国上下的主要任务。战旗村也紧跟党中央政策，转变发展思路，大力发展经济，陆续创办了几个企业。1980年，考虑到郫县豆瓣本身在全国就很有名，而且周围又没有村子搞豆瓣生产加工厂的实际情况，战旗村便办起了先锋豆瓣厂。1981年创办了酒厂，之后几乎一年建一个厂子。1982年建了一个预制厂；1983年办起凤冠大曲酒厂；1987年由于酒厂发展不好，遂又创办了铸钢厂；1988年建了鹃城复合肥料厂；1990年创办了面粉厂。在易奉先在任期间，总共办了11家企业。战旗村以滚雪球的方式，逐步发展集体企业，村集体每年纯收入就有好几十万。1994年，易奉先参加了由成都市委组织的在深圳党校的学习。通过系统学习，他对股份制有了更多的了解，回到战旗村之后成立了集凤实业总公司。后来又将村集体所有企业资产整理之后全部挂在集凤实业名下，资产经过评估过后，村集体占51%的股份，职工占49%。因此，集凤实业便是村集体的大企业，全村人都有股份，每年各个企业挣的钱也都会给村民分红。回顾当年创办这些村集体企业的历程，易奉先说："我们大队人们思想觉悟比较高、很团结，村民对村干部的工作比较支持，村干部领导班子也比较团结，所以做起来还是比较顺利，没遇到什么很大的困难。当然，办这些厂子不免还是会遇到很多经济上的问题，这些都是还可以克服的。"

除了大力发展经济，战旗村也在努力丰富村民的娱乐文化生活。村里成立了文艺宣传队，主要由27名多才多艺的下乡知青组成，为大家表演节目，组织村民跳舞。后来在知青返城后，文艺宣传队的传统也继续延续了下来，主要的成员变成了战旗村民。

**为战旗村发展建言献策**

如今，易奉先仍然非常关切村子的发展大计，常常与现任村支部书记高德敏进行讨论。在他看来，"总的来说，现在战旗村的（发展）思路是正确的。老百姓住的条件很好，家家户户住进了连体别墅，生活条件、卫生条件搞得很好，各种公共设施也比较齐全，而且现在老百姓虽然不种田了，但收入还是可以的；60岁以上的老年人能保证每个月有500元钱，吃饭、养老的问题也就基本解决了。现在村委会这些领导的思路很好，要搞成农业观光公园，吸引全国知名大公司来投资，现在也是国家政策允许提倡的。这些个想法相当正确。我给高德敏建议的时候就说，你们这些做得都相当不错。"

尽管现在易奉先早已经离开自己的工作岗位，但是对于战旗村的未来，他始终在思考。他说："首先，把农业观光公园搞起之后，再搞一个养老观光，整一个高级的养老福利院。我曾经去过温江那边的一个养老院，修建得相当不错，他们那里根本不愁经济问题。修建这样一个高级养老福利院，老年人一个月出1000多元钱，就可以把食宿、日常生活都照管、打理好了。这是我的想法，我也给现在村上干部提到过，高德敏书记也觉得很好，现在也在打算了。其次，再把墓园弄起来。墓园这个经济做起来也是收入很可观的。最后，就是要建设一个老年人休闲娱乐的场所，老年人可以喝茶、下棋、打牌，让老年人有更加丰富的娱乐生活，我们村子目前的情况是这种场所相对较少，老年人没有一个可以聚在一起娱乐、休闲的地方。"

# 高玉春：民以食为天，兴办村企业

## 人物简介

> 高玉春，1951年出身于一个普通的农民家庭。初中毕业以后，入伍为空降兵，1973年兵役结束返乡，1983年开始担任村干部。1995年至2001年担任战旗村第六任村书记。

**"这样的选择并非仅仅是为了证明我自己"**

唐昌镇镇委派高玉春担任战旗村书记时，正逢高玉春的事业如日中天，他在外面开企业办厂子效益非常好。据高玉春回忆，最初刘书记找他时，他并不愿意担任村书记，因为这无疑会占用个人事业上的精力和时间。后来经过慎重思考，高玉春觉得作为一名共产党员，一名退伍军人，一名战旗村的村民，组织现在需要他，他就应该站出来。在个人与集体之间，高玉春义无反顾地选择了集体，不负众望地担负起上级党组织赋予他的使命，挑起了让战旗村更上一层楼的重担。"这样的选择并非仅仅是为了证明我自己，无论从情感出发，还是从理性的角度考虑，我都必须做出这样的选择。"高玉春如是说。

### 民以食为天，兴办企业

1992年，高玉春刚上任时，村上的贷款已经达到几十万，经济形势不是很乐观。高玉春始终认为，"王者以民为天，而民以食为天""衣食足则知荣辱，仓廪足则知礼节"。中国很早就进入农耕时代，在漫长的农业社会，由于生产力水平低下，社会人口相对较少，历史上天灾人祸频繁，使老百姓不得不对温饱问题给予更多的关注。所以，大到一个国家如此，小到一个村子也该如此，如果不能首先解决百姓的温饱，老百姓是不会响应你的号召的。在这样的理念指导下，高书记在已有企业的基础上又兴办了一些食品厂，比如豆乳厂、豆瓣厂、养猪场等。在具有企业家背景的高玉春的引领下，战旗村的这些厂子效益良好，吸引了村上一百多人就地就业，一部分农民除了获得种地收入以外，还增加了一些务工收入。食品企业的盈利不仅还清了战旗村之前的债务，还使得村集体有一部分结余资金，这些资金为今后的集体企业的发展和壮大奠定了基础。

### "公司＋农户"的产业化经营模式

1995年前后，高玉春在外调研时，无意间发现重庆的涪陵榨菜卖得非常好，全国知名度非常高，尤其是产销一体化的模式很有特点，农民种菜直接卖给当地的榨菜生产公司，收入非常可观，因此种植榨菜的热情非常高。在仔细调研涪陵榨菜的产销一体化模式之后，高书记自己出钱购买了种子带回战旗村。回到村里，高书记免费送给部分村民，鼓励他们尝试新事物，并承诺只要村民种植，他负责按照市场价进行收购。

战旗村每年有两季农作物种植，从收割水稻到种植油菜这段时间土地通常是空闲的，由于榨菜种植到收获的时间很短，正好可以利用这段空闲时间种植。在第一年榨菜丰收后，高书记履行承诺，按照市场价格全部收购了村民种植的榨菜，因此凡是种植榨菜的农户平均收入增加了800元左右。有了第一年的实验，第二年种植榨菜的人就更多了，后来逐渐成为当地的主要农作物之一。战旗村利用现有的豆瓣厂对收购回来的榨菜进行加工销售，实现了产销一体化的农业产业化模式。

### 探寻新的发展思路

学习先进一直是战旗村的优良传统，从李世炳书记的农业学大寨到杨正忠书记的联产承包学小岗，可以说这个村一直很善于学习而不是封闭保守。高玉春书记亦是如此，虽然身处川西小农村，但是他并没有将自己局限于农村，而是眼看全国甚至世界。

一方面，高玉春认为，只有通过比较，我们才能认清自己存在的不足之处；只有站在一个较高的位置上，才能看到自己发展的差距；只有找准了前进的方向，在发展战略和发展思路上才不会偏差。另一方面，高玉春认为，由于基础条件、地理位置等诸多因素的差异，别人的经验做法不能照搬照抄，应该从本地的实际情况出发，因地制宜地融入对方的"软经验"，比方说解放思想、振奋精神、发动群众、创造条件等，使"软经验"转化为"硬实力"。

1996年，上级领导组织各乡镇领导去马来西亚参观学习，尽管当时村上只给报销5000元，其余花费只能靠自己解决，高玉春仍然积极争取名额并前往马来西亚参观学习。这次外出学习给高玉春的触动很大，他看到了别人的长处和自己的不足，这促使他寻找战旗村新的发展思路。高玉春认为，如果战旗村按照目前这样的步子继续向前发展，日后随着住房的集中，农村渐趋城镇化，来战旗旅游观光的人一定很多，那么游客对集餐饮、住宿、娱乐为一体的酒店需求必然会大增。于是，他高瞻远瞩，又兴修了轰动一时的"迎龙山庄"，迎龙山庄占地二十余亩，后来改建成为今天的"战旗文化大院"。高玉春也很重视基础设施建设，20世纪90年代战旗村的道路沟渠等破损比较严重，高玉春书记提出"有钱出钱，有力出力"的口号，号召大家将一些高低不平的街道用砖石砌筑，将村里田间地头的通道也进一步取直垫平，此举大大方便了村民的日常出行，村民都感到非常满意。

回顾走过来的这条道路，高玉春觉得自己作为一名基层的小干部，离老百姓最近，就是应该心里想着老百姓、念着老百姓，坐在书记的位子上，就必须给群众一个交代，要务实，要成绩，要带领大家共同致富。虽然所做出的成绩与自己的目标还有些距离，但是自己尽力了。在高玉春担任书记期间，战旗村经济、社会各方面都取得了长足的进步，为村子后期的发展奠定了坚实的基础。

# 李世立： 社会主义新农村建设第一村

| 人物简介 |

李世立，1952年生，1969年应征入伍，期间担任过班长、代理事务长，1970年加入中国共产党，1977年任民兵连副连长，同年年底当选支部委员、民兵连长、团支部书记。1983年担任民兵连长期间当选为四川省第六届人民代表大会代表，1992年当选战旗村村委会主任，2001年至2010年担任战旗村第七任村书记。2004年被评为成都市基层先进党组织书记，2010年被评为成都市劳动模范。

## 访谈记录

**问：李书记，您好！请问您什么时候开始担任村上干部的？**

**答：** 1977年我退伍回来以后，我们村上的发展应该说主要分几个阶段。第一个阶段是战旗村建村的时候，应该是前些年农业学大寨的时期，当时就提出了"沟端路直树成行，条田机耕新农庄"的口号。那个时候主要是民兵工作，县武装部主要抓民兵工作，搞军事训练，发挥民兵的作用。所以我们算是民兵起家，当时村上的民兵五分钟以内全部都要集中在一起。后来战旗村的民兵工作评了先进连队，在四川省都很出名。

第二个阶段应该就是那个包产到户。当时是1981年全国包产到户，当时我们村上经过调查，大家都不愿意包产到户，当时只有三户人签字同意。那时候政策是只要是发展企业，政府、银行都拿钱给你，县上有几个部门还会研究你（提出的）项目，只要行就拍板。有一次我跟高书记两个去参观，我就说我们不包产到户的话可能比华西村都好，因为我们到外地去看凡是没包产到户的都很好，没有不好的。那个时候就农业学大寨以后，就是从搞政治军事到搞生产、搞经济，大整企业。应该说我们（村）在20世纪70年代办小土窑，那个时候这个就是先进技术，后来又改为轮窑。后来在杨书记和易主任那个时期也主要是发展企业，砖厂发展起来之后赚了点钱又办了个企业，就这样那个时候村上办了十二个集体企业。

到了20世纪90年代，全国很多国有企业经营困难，国有资产流失，都在搞企业改制。1994年郫县也开始推行股份制改革，当时我们就把5个比较大的、效益比较好的企业进行改革，成立了一个股份制公司（集凤实业公司）。公司有五个董事，除了村书记、村主任外，五个企业里面产生三个董事。村集体占50%的股份，30%是企业股份，还有20%的股份就量化给企业中的职工。这20%的职工股按照职工入职时间长短、职称、贡献大小等来确定，但是个人要出三分之一的钱来购买，比如说企业配两千，职工个人都要出一千。经过企业改制之后，五个村集体企业共同组建了集凤实业公司，其余的企业主要是租赁经营或者承包经营。

虽然我们村企业改制比较早，也成立了集凤实业股份公司，但我们的企业制度很不健全。按道理讲，股份制改制之后必须要按照股份制的机制来运行，但当时村上几种所有制同时存在，一是股份制，二是集体承包制，还有其他的租赁制、家庭经营制，变成了四不像。而且有些厂长把企业搞成了家族制企业，当了厂长一家人都去（厂里工作）。到2000年左右，村里人都晓得有些厂长想把村里的企业搞成个人的。既然1994年企业改制不彻底，那就要重新改。当然改制很困难，而且那时候企业有钱，觉得基层领导班子算啥子？凭啥子要听你的？

2001年我和高书记（高德敏）商量企业资产流失问题的时候，就觉得企业必须重新改制，再不改制村上的资产估计都要流失了。高书记原来是在企业里当过会计的，又在企业上搞了多年，搞财务有一套。他说改制必须要从财务上做起，所以我们先从财务入手，结果只是查了厂子表面上的账目就发现了很多问题，所以决定必须收回产权，按照股份合作制的规则办。2002年左右，我们就开始做准备工作，首先解决思想问题，让企业经营者、所有者之间的关系明确清楚。当时专门请了西南财经大学金融、管理方面的专家来村上讲课，当时主要讲了企业经营权和所有权的问题，把全部的厂长请来开会听课，结果很多人就受不了了？我们咋都变成打工的了哦？我还鼓励大家来发言，结果讲到最后有个厂长直接从椅子上瘫下去了。改制很多厂长都不愿意，这个也很正常，人家辛辛苦苦地干了那么多年，你突然喊人家走还说人家实际上也是个打工的，当然人家不愿意，所以当时我们村上就商量，如果愿意

（把企业）交出来，该奖励的就奖励。

后来我就想到股东内部的购买，拿村委会这个大股出钱买小股。先是在砖厂试点，然后全面铺开。当时村上、厂里都觉得行不通，厂里也有人向上级反映说我这个做法不对。我就去上面（找领导），表明村上企业需要改制，请他们派人一起协助、监督，上面表示这是村上自己的事情，这是村民自治。所以这下我就放手干了。最初，砖厂的职工答应把股份卖给村上，但是厂长动员职工不把股份卖给村上，因为厂长了是想自己购买村民的股份。这下咋办呢？我们当时就跟厂长谈判，只要把厂子交出来，让职工签字把股份卖给我们，那就一下子给你二十万。然后他提价要三十万，以为我们不得答应，我们就说三十万就三十万，就这样给解决了。如果不把企业改制，到时候企业一年流失的资产还不止这三十万，实际上我们第一年把企业改制，第二年村上就收回来四百二十万的现金，然后我们再把这四百多万的钱又借给企业，企业给村上的利息一年就有几十万。我算了下，如果这些企业再两年三年不改，估计所有的流动资产都没了。如果我再推迟一年，奖励给厂长的钱都没得了，所以趁早该奖励的奖励该给的就给。当时搞企业改制，只有我和高主任是支持的，没得人相信我们改制（会成功）。我们当时搞这个，除了我跟高主任是相互支持的，其他的说实话都有意见，当时我们那么多人还是都在一起工作、经常见面的啊，还是不相信。

问：第一个试点的企业就遇到这么大阻力，其他的怎么样呢？

答：每个都遇到麻烦。还有就是有些厂长不把厂交出来，也不跟你对到干。他就请病假，病了你总把我没办法。但我们还是一个个地改了。第二个厂就是豆瓣厂。后来一个厂长，我们查账发现有很多外账没有收回来，就请那个厂长去收账，他开着厂里的车子还领着工资，有个账目欠的债差不多一年了还没收账，但实际上买方早就用一套房子抵押给他了。我们把当时买方抵押的票据等资料都复印了回来。一开始我们没打算起诉他（厂长），当时那个账是十八万左右，我们就劝说他，只要还回来十二万就可以了，其余的作为辛苦了一年的奖励，但是他还是一直不肯还。最后我们只有采用法律手段起诉他，去公安局报了案，但我们也只是吓唬吓唬他，把他送进监狱其实大家都不好。但他以为我们说到耍的，没想到真的起诉了，他就怕了。本来最开始我们还说让他交十五万就可以了，但最后村上商量不让了，最后他是一分不少地把十八万还给了村上。当时这些事情我是得罪了不少人，但这种事情第一没哪个敢去做，第二没哪个能做得下来。而且那个时候有些群众也不理解：人家做了那么多年企业，花了那么多力气，怎么可能把企业交给你集体？所以后来改选的时候，我就没当成书记。

总的来说当时的想法：一是要把经济抓起来。举个交税的例子。哪怕是我作为村委书记找到厂长说你今年的任务是交七万的税。他（厂长）说六万，多了莫得。你能咋办？所以只有经济抓起来了才硬气。第二个就是必须按照股份合作制的基本规定来运行，再不能搞得四不像。而且我跟高书记说：干事情就要干出一番大事，小打小闹的事我们不干。第三，改制之后所有企业该奖励的奖励，该租赁的租赁出去，该卖的就卖了。其实我觉得租赁企业并不好管，租赁不利于长远发展，资产实际上是在消耗，比如说固定资产会越来越旧，越来越不值钱。而且租赁的人家手脚放不开，总觉得这是租赁的，时间满了以后要交给集体，这对法人来说是一种限制，该投资的时候不敢投资，还会想要投资最小收益最大，所以不仅不会投入，还会想办法加班加点地利用损耗固定资产，所以我们要把村上过去那种形式上的股份合作制变成真正的股份合作制。其实在这个过程中，我就晓得不可能所有人都说好，不可能让大家都支持我，所以我办我该办的事情。就像当时我们改制后收上来四百多万，这些钱要咋个处理？方案有两个，第一个直接分了，另外就是考虑我们战旗村长期的发展投资。这两个方案如果拿给大家讨论，肯定会分了。但是我说不给你们这个讨论的权利，必须放在发展上，我们要撬动整个（村）发展。

**问**：企业改制之后，您又是怎么考虑战旗村未来的发展呢？

**答**：其实在改制过程中，我们就在考虑战旗村怎么发展了？虽然当时我要退了，但是高德敏还是经常和我一起商量讨论，不管怎样我们要想办法让战旗村发展起来，真正让群众获益。看问题就要长远，虽然改制成功有了些钱，你可以拿去打麻将，但是发展呢？所以我们一定要争取在全国挂名，通过几年时间必须要在全国挂名。前几年罗书记那个时候就说起码要在全县挂名，做到了！现在必须是全国出名，这个目标必须要实现。

但咋个出名？咋个来发展？别说全国了，那好几年连县上都没有来过我们村，有人说应该想办法把县上的（领导）请来战旗村看看。当时我就在想，县上的领导来关心发展肯定好，但最关键是我们怎样做些事情来感染领导，让领导自己来，让领导觉得你们这个地方就是可以的？当时有个2005年的二十五号（文件），成都市搞"三个集中"——土地集中、集体经营、农民要集中居住区。当时企业改制还没有完，我就开始动员村民把全村土地盘了。当时我就在党代表大会上动员，农民要集中、居住土地要集中。当时就很多人说当时收回四百多万的时候没有说，这会儿咋个又要修房子了？哪里修得起房子？钱从哪里来？土地盘活了之后呢？所以，大家都在观望。

当时我和高德敏就想，不依靠上级领导我们自己发展肯定是不行的，肯定要获得领导支持才行。就在那时，正好县上搞"大学生进农家"（活动），当时郫县有八所高校，政府想如何利用高校资源为新农村建设起到促进作用？当时其他村都不愿意，大学生进农家比较麻烦，而且安全（问题）呢？出了问题哪个负责？但我们反倒去积极争取。因为当时我们就是想咋个让领导来（战旗村）呢？这个进农家（活动）如果宣传到（位）了就肯定行。只要搞好了肯定就宣传了，上级看到就会问"这活动在哪里搞的？"在战旗村！这样子我们肯定能通过这个活动吸引上级领导。当时我就说我们想要发展，万事俱备只欠东风，我们需要一把火点燃，大学生进农家就把这把火点燃。

所以我对这个事情想得很仔细。一般人会觉得我们最缺钱，我认为缺的不是钱，农民观念很落后，需要的是先进知识，尤其是先进的理念。大学生来之后我就要他们给农民讲这些。大学生跟农民同吃同住同劳动可以给他们带来些启发。当时好多村就是怕负担，不愿意搞，我们却主动要求搞。县上说拨点钱给你们做启动资金，我们说我们自己有钱；搞下来也就花几万块钱，这个钱太值得了，你说你花二十万、五十万能做这个宣传吗？

这次的活动是在县委宣传部的领导下，战旗村联合成都纺织高等专科学校等院校，积极开展的"高校＋支部＋农户"大学生进农家活动。活动一共5天时间，来了360人。当时考虑到安全问题，每户住两个学生，共180户，其余的学生就集中在几个主要干部家里。学生来的时候敲锣打鼓，5天的相处，大学生进农家给我们带来了很多欢声笑语，那短短几天，我们村子里非常热闹，有村民形容像是过年一样。（活动）一个星期结束的时候，村上说搞个欢送会，我说不用搞，他们（村民）自己去欢送更令人感动，自发的更好。果不其然，群众自发来到村口送学生，那场面恋恋不舍啊，农户跟大学生抱在一起送别，很多人相拥而泣，十分感人。所以这个活动最后就火了，2006年被评为"全国十大政府创新典型"。自从这次活动成功举办后，很多高校都纷纷与我们村联系，这个活动要继续搞下去。所以这个是理念的问题，如果我不是这么想的话肯定不行。我们要寻找发展机遇，等是等不来的。

大学生进农户活动确实给我们带来了不小的改变，但大学生走了之后，村庄又恢复了往日的平静。有人开始给我建议：大学生进农户的活动应该坚持下去。这也引起了我们对于农村文化的思考：农村文化怎样进行？如何开始？怎么开展？效果如何？文化大院的想法才这样应运而生。要将活动继续下去，就要先解决文化活动场所的问题。经过村上研究，花了几十万对原先的一家企业进行改造、装修，给农民提供一个活动场所，这就是现在的文化大院。而且我们按照成都军区文工团的形式组建了战旗文化团。经过这一系列的措施和后来的努力，战旗村成了成都市文化建设试点村。

问："大学生进农家"的活动之后，战旗村就开始了新型社区的建设。您能否给我们介绍一下战旗社区建设的始末？

答：战旗社区要从战旗村文化大院讲起。那是2007年春节前，成都市委书记来战旗调研新农村建设，他发现我们战旗文化大院很有意思。我趁机利用这个机会，将战旗村社区集中（规划）的展板放在文化大院进行展览，并且向市委书记汇报了我们的想法：由于战旗村70%的人都在企业上班，群众对种田积极性不高，群众对种地的依赖程度很低，而且成都市提出"三个集中"后，包括郫县在内的其他地方都在进行片区集中，那么我们完全可以根据战旗村的实际情况，进行村里集中。听了我的想法后，市委书记当场表示我们的这个想法很好，当即要求"特事特办"（边审批、边规划、边做材料），这件事情（新型社区建设）后来的进展就很顺利。

问：李书记您当初是怎么想到要居民集中呢？

答：2002年我当上了村书记后，2003年我就跟高书记（当时任村主任）出去走访调研，寻找发展的路子。从华西村、南街村调研回来，我们的收获是：农村土地一定要集中。我们从2006年开始试行先集中三分地，但仅仅是土地集中并不能解决我们村的发展问题，还应该集中居住。在规划战旗村发展蓝图时，我们就开始对居住集中进行规划。由于我们对村规划有自主权，而且农民不再考虑种田，所以战旗社区的想法就逐渐明朗起来了。居民成片集中也有利于全村的发展规划，土地集中和居民集中居住是相辅相成的。对于集中居住并不一定所有人都能支持。为此，经过研究，我们专门制定了比较详细的鼓励政策：按期集中，村民满60（岁）以后，每月可以获得30元生活补助，随着经济的发展，今后还会提高。在鼓励政策推行的同时，也有惩罚措施：如果集中往后推迟一年，也要推迟一年享受这个待遇。

**问**：战旗新社区功能非常齐全，非常现代化，当初是如何规划设计的？

**答**：当初我们对于社区规划花了很多心思。基本的想法有两点：第一，这个规划就按照成都市小区规划（标准），它的档次是"中等偏上、上等偏下，20年不落后"。既要给得起钱，又要不落形势。第二，按照连体别墅的形式进行建造，配车库。这些想法在当时并不能被村民很快接受，他们的疑虑也很多。例如车库的问题，当时村民认为车库没有用。对此，我做了很多解释工作：有车的肯定要有车库，没有车的就当作是收捡屋。如今，大家都觉得当初这个设计非常好。另外就是卫生间的例子。按照我的要求，卫生间在楼上楼下不少于3个，主卧一定要有卫生间。当时村民觉得卫生间太多很浪费，而且对于主卧一定要有卫生间的想法不理解，因为农村都不喜欢厕所放在屋内。我们考虑是，农村的厕所发展经历了三个阶段：第一阶段是厕所不进户；第二个阶段是厕所进楼梯间；第三个阶段就是厕所进主卧。既然我们要求20年不落后，那么厕所一定要进主卧，并且楼上楼下不少于3个。如今来看，这个想法也是非常不错。对于社区的建设，我当初的打算是分两期建设，第一期是连体别墅，第二期结合第一期的经验做成高层，毕竟全部做成别墅没有太多的建设用地。整个社区的配套设施都是第一期完成。

**问**：当时分房子有没有遇到什么问题或者困难？

**答**：可以说我们当时分房子很成功！对于分房子，我们当时做了很多准备工作，也想了很多种方案，比较成熟的有三种：第一种方案，由生产队一起分，一个生产队住在一起；第二种（方案），由几家几户一起分，相互来往密切，关系好的住在一起；第三种（方案），所有人一起分，随机选择。最后，经过全村的商讨，一致决定选用第三种方案，即所有人一起分，抓阄。我们的别墅一共有7种类型，同一种户型一起分。所有的农户也按照其对应的户型进行选号。在选号的全过程中，我们请来了公证处的人员进行公证。

为了确保整个过程公正公开透明，我们村两委做了大量工作。首先，我们要求先交钱，全部参加第一轮选房。其次，头一天先确定抽签的序列号，然后第二天按照抽签的序列号再抽捡房屋编号。再次，在抽号之前，我们由群众选代表，由业主和两委进行监督整个过程。同时，我们还请到了公证处的公证人员。整个过程完全公正公开，因此整个分房过程非常顺利和成功。第一期房屋由于材料、人工费用上涨等原因，导致施工单位的成本增加，因此每个平方面积增加10元，由县政府先行垫付。对于那些没有参加集中的农户，我们采取超期收利息的办法，分批、分轮进行分房。

问：农业股份合作社的成立也是战旗村发展的大事，请您介绍一下农业股份合作社的情况吧。

答：战旗农业股份合作社是战旗村村两委为响应中央提出的"建设社会主义新农村"的号召，按照成都市委提出的"三个集中"要求，于2006年8月组建的村级经济组织。2006年，我们在总结原有村集体经济发展的经验后，决定引导村民在自愿有偿的原则下以土地承包经营权入股、村集体企业注入资金50万元的方式，组建农民股份合作社。合作社总股数为1145股（其中：村集体695股，农户450股），下设理事会和监事会，各由5名成员组成。土地入股保底分红100元/月，按月支付。年底经营收入按个人与集体五五分红。

**问**：你们今天取得的成绩非常骄人，能谈谈发展背后的感想吗？

**答**：无论是土地集中，还是居住集中，这些都不是关键，关键是战旗村的发展规划。土地集中一开始，分房一结束，我们就开始思考另一个问题：战旗村的发展规划。2009年我们开会，认真总结其他明星村的优势和我们自身的特点。我们总结的战旗村的特点是：平台比较好，班子成员比较好，尽管思想、出发点、观念不一样，但是主观上每个人都想做好工作。

回顾战旗村的发展历史，可以说我们先后失去了两次发展机遇。

第一次失去的发展机遇期是包产到户。当时我们战旗村有12个企业，成立了3个公司，1980年、1981年、1982年就有100多万的资产，还想办啤酒厂。如果当时没有实行包产到户，（现在）肯定发展相当好。因此包产到户并不是唯一的出路。像华西村是没有实行包产到户的；河南的刘庄、山东的南山，都没有实行包产到户；四川彭山的宝山，当时农民愿意包产到户，但是当时的村书记不愿意包产到户，最后也没有实行包产到户。其实，没有包产到户的（村）都是有自己想法的。而当年我们战旗村只有3户想搞包产到户，大部分人是不想实行包产到户的，因为之前我们的粮食产量在全县都是最高的。

第二次失去的发展机遇期就是村集体企业改制。1994年战旗村是全县第一个推行改制的乡村。改制后的前几年村企业效益比较好，但是到了20世纪90年代后期，大量的国有资产和集体资产流失。国有资产流失的是税收，而集体企业流失的资产根本无法估算。每一个支部书记不可能想把事情搞坏，肯定都是想把事情做好。但是对集体财产进行股份量化的做法，我并不同意。我觉得我们首先要解决的是发展问题，要不断发展壮大集体经济，然后在适当的时候再考虑股份量化。因为现在还没有到分果实的时候。

**问**：李书记，您能不能介绍一下对战旗村未来发展的规划？

**答**：未来的战旗一定是环境优美、经济发达、村民生活富裕的。具体来说，我们将会借鉴山西晋城的做法，土地量化到村，搞绿化、搞旅游，最后"黑山变乐山"。根据我们村上现有的限制因素：企业过于集中在第二产业，再走下去没得出路。根据镇和县的规划，今后的主打是旅游和农业。我们应该以现有的农业基础，打造农业、观光、旅游特色村，实现一二三产业互动发展。具体来讲，今后的发展思路归纳总结如下："发展一产，提升二产，规划和培育三产。"一产农业，这是基础；二产要不断升级，包括产品、信誉、质量、产量；三产是今后的重点，要在农业上做文章，以农业为基础，重点培育农业观光和旅游。这点已经有了可行的论证：沙西线的贯通对于我们规划和培育第三产业有促进作用。根据专家的研究，现在的城市居民都愿意在40公里以内的区域居住，这将为我们村带来发展的契机。因此，我们区域的（有利）条件是：一是城市居民；二是地理条件，我们有柏河；战旗村的水源丰富，是郫县唯一的水源地域。

未来，我们要想办法把川西坝子的农耕文化（利用起来），外地人来成都，都想来战旗村看看农耕文化，来观光或者体验农业生产。我们今后的重点将是在第三产业上做文章，重点是农业观光，展示古老的耕作方式，涵盖历史、近代、现代、科技等四个方面的农耕方式。我们还要打造战旗村农业公园，新型社区仅仅是第一步，我们的目标是实现农业观光旅游。在2010年我们就有一个想法，即在农业观光旅游基础上大力发展农民旅馆，实行村级组织对外管理，这样可以更好地服务实现农业观光旅游的目标。目前，战旗村的旅游还是一张白纸，我们预计将会利用5年左右的时间实现这个目标。

**问**：李书记您已经为战旗未来描绘了一幅美好的远景图，您能谈谈战旗未来还可能会遇到哪些问题吗？

**答**：目前来看，战旗村的各种经济关系错综复杂，包括农业公园、新成立的公司、集凤公司、农业股份合作社、战旗社区。首先要理顺这些关系，在成功的经验下，才能做好下一步的规划。战旗村要解决弱势群体的问题，但是绝不走平均主义的道路。我们要坚持现有的农业股份合作社的模式：效率＋分红。重点处理好公司如何运作、企业管理等问题，在保底基础上努力做好第二次分红工作，加大对于土地入股的流转管理。

# 高德敏：火车跑得快，全靠车头带

| 人物简介 |

　　高德敏，1963年出生，1981年高中毕业，1984年开始在村办企业工作，先后担任过工人、技术人员、财务人员和销售业务人员。1996年加入中国共产党，2002年开始担任村委会主任，2006年当选为郫县党代表，2010年当选为战旗村第八任村书记。2014年荣获"四川省农村优秀党组织书记"；2015年荣获"全国十大杰出村官"；2018年荣获"四川省杰出村官""成都市五一劳动奖章""成都市优秀共产党员""成都市道德模范"，并陪同习近平总书记视察战旗村；2019年荣获"四川省优秀共产党员"；2020年11月24日，被表彰为2020年全国劳动模范。

## 访谈记录

**问**：高书记您在担任战旗村村干部之前是做什么工作的？

**答**：我是20世纪80年代初高中毕业的，没考上大学，刚开始就回家务农，后来做过电工、干过修理等琐碎的事情，各种尝试！再后来自己创业，有自己的企业，也可以说我是做企业出身的。

**问**：那您是什么时候开始担任村干部的呢？

**答**：其实我开始并没有担任村干部的想法，因为我自己也有企业，就是豆瓣厂，平时工作也挺忙的。后来李书记（李世立）找我谈，让我一起来管理村子里的事务。最初我想没有村干部的工作经历，万一做不好怎么办？李书记鼓励我，让我放开手去干，他说我能把企业管理得这么好，管理村子也不会有什么问题。我慢慢也被说动了，这里毕竟是生我养我的地方，我当然也希望战旗村变得越来越好，大家越来越幸福，日子越来越红火，如果我能为战旗村的发展贡献自己的力量，我觉得这比办企业更有意义。后来大家都很支持我，2002年我当选为村委会主任。其实，当时选举的时候，我还是怕选不上，我自己就在想：你们选了我，是你们的福气；不选我，是我的福气！选了我，我不会为了一些小恩小惠损失大家的利益，因为我有自己的企业，不缺那点钱！我一定会全心全意为村民服务，尽职尽责，尽全力带领村民致富。如果不选我呢，我可以专心搞我的企业，赚我的钱！所以说，既然大家信任我、选了我，我就一定不能辜负大家的信任，一定要实实在在地为战旗村、为战旗人民做点贡献！

**问**：高书记您从担任村主任至今，战旗村都发生了哪些大事情？

**答**：大事情还真不少。如果从2002年开始算，这些年战旗村做了不少事，比如企业改制、大学生进农家、村民集中居住。那就先说说企业改制吧。我当村主任之后第一件大事就是协助李书记完成企业改制。

当时，我们村委干部的想法和意见都还是比较一致的，之所以要进行改制，最大的一个问题就是大家对于经营权和所有权的混淆，那个时候（大家）完全不懂什么是经营权，什么是所有权。但是光只有我跟李书记懂还不行啊，那些企业的厂长不懂，还有我们的村民也不了解。我私下问过一些村民，他们觉得人家（厂长）每年都给村里交税，现在那些厂子就应该是他们的。

企业改制真是到了非改不可的时候，大量的集体资产流失。我们作为战旗村的主要干部，历史的责任就落在了我们的肩膀上。当时整个村委的干部的思想一致，就是要坚决推进企业改制。我们预想到了在企业改制过程中会遇到哪些问题，因此肯定更不能盲目地改制，得有步骤和方法。整个村干部成员大家都很团结，每个人都在为问题的解决建言献策。

2002年，我们就准备开始实施改制，第一步就要解决思想上的问题。要让所有的村民和厂长，把企业的经营者和所有者之间的关系弄清楚、弄明白。我们专门从西南财经大学请来企业管理方面的专家到村子上课，而且我们还把讲课的视频录制下来，发给村民，当时就讲了企业经营者和所有者之间关系的问题。教授把产权相关方面的知识给大家一介绍，村民们就逐渐开始清晰了，这个时候那些厂长就坐不住了，一些人开始闹了。但是我们的意见非常坚定，这些企业都是村集体的而不是你个人的，你反对不反对，村子都要收回来。其实我们都是做企业的，这其中的道理也懂，你说人家辛辛苦苦经营企业，没有功劳肯定也有苦劳，干了这么多年的企业，你突然要从他手上拿回来，肯定一下子很难接受，这个是正常的。后来，我跟李书记商量，按照购买的方式把他们手中的股份买回来。

问：购买？那他们愿意卖吗？

答：刚开始我们是想着自愿，如果你愿意把企业交出来，村委就进行奖励。但是这个方法不得行,后来才想到进行股权购买这个方法。我们知道股权可以在内部进行流动,但是不能到外面进行交易,所以我们就想着以村委会的名义出钱购买小股(村民所持有的企业股份)。我们当时就觉得购买只能慢慢进行,还不能大面积一下就铺开,先找一个企业进行试点,我记得第一个厂子就是砖厂。其实村民还是相信村委的,再怎么搞,我们一帮人也都是为村子的发展做事情。而且,我们出的转让价格还是挺高,村民们还是愿意卖给我们,而对于厂长他们的股份,如果愿意卖我们肯定也一样地购买。起初厂子还动员员工不要卖给我们,后来我们想了很多办法。比如说,只要你把厂子交出来,让村民把股份转让的合同签了,村上就一次给你二十万的奖励,如果你不交,我们迟早都要把厂子收回来。就这样晓之以理、诱之以利把砖厂收回来了。

**问**:奖励二十万是怎么定出来的?

**答**:我们私下早就计算过了的,二十万看起来似乎很多,其实如果厂子迟一年不收回来,村集体资产损失得更多。如果一直拖下去,再拖上几年,企业可能都没有了。一年下来光是损失的都不止这一点钱。后来看来我们是对的。

**问**:那改制期间您遇到了什么阻力吗?

**答**:阻力还真是不少。我们为此得罪了很多人,他们也想了各种各样的办法来阻止我们的改制。有一次上面还派来调查组调查李书记,但是后来证实这个事情纯属污蔑,也就不了了之。大家都是一个村子的人,低头不见抬头见,真的得罪了不少人。但是,我跟李书记心里坦坦荡荡,因为我们不是为了个人的一己私利,我们是在为战旗村老百姓做事情,即便在这个过程中会受到一些村民的误解,但只要这个事情是对的,我们受一点委屈算得了什么呢?我既然当这个村干部,就不怕被你们误解,一定要干出一番事业来。不过这个过程确实还挺艰难,尤其是那些厂长的不配合，哪个环节都遇到过麻烦。不过还好，最终我们还是完成了企业改制。如果我们当初没有改制、没有改制成功，你们不可能看到战旗村今天的村容村貌。

这也不是我一个人的功劳，这是我们整个村委共同的功劳，尤其是李书记。我们当时配合得很默契，还有其他的村干部，都在整个改制过程中付出了很多的劳动。而且，我们村的一些党员干部起到了带头作用，他们都非常支持我们的工作，没有他们的努力，改制也不会取得成功的。

**问**：企业改制成功后，对于村庄的发展，您又是如何考虑的呢？

**答**：对于村子的发展，我们当时也是一筹莫展啊，就是不知道到底该如何走下去，没有方向，因为当时村子的力量有限，村委收回了所有的集体企业，一下找不到下个工作重点了。后来，在2006年我们举办了"大学生进农家"的活动。

我记得那是2005年的下半年，作为新农村建设工作的一部分，郫县政府准备搞一次大型的"大学生三下乡"（"大学生进农家"）活动。我也是一个偶然的机会才知道有这么个事情。当时没有想那么多，就是想借这个机会帮忙把战旗村宣传宣传。于是，借一次参加县人大会的机会，李书记向负责这次活动的县宣传部长连部长表达了想承办这次活动的意愿，并把初步的工作设想详细地向连部长做了汇报。随后不久，连部长亲自到战旗村做了调研，对战旗村的"乡村文明、村容整洁"给予了高度的评价，并且向县委县政府进行了汇报。就这样，"高校＋支部＋农户"活动定在战旗村了。那是2006年5月份，西华大学、四川师范大学成都学院和四川农业大学水产学院、四川科技职业学院一共360名师生来到我们村，开展这次三下乡活动。后来，由于很多记者和新闻媒体的关注以及政府的宣传报道，这个活动荣膺"2006年中国十大政府创新典型"的称号。

这次活动时间并不是很长，但是效果非常好。我们也没有花多少钱，却带来了一个很好的社会效应。活动本身不是很复杂，360多人全部安排住在我们的村民家中，我们家当时就住了四五个人，至今我们都还保持着很好的联系。大学生就是不一样，他们非常活泼，年轻有朝气；他们一来，我们村子顿时变得热闹起来，文化大院里面载歌载舞的，气氛很好。白天他们跟我们的村民一起去田间地头耕作，晚上回来就唱歌跳舞。现在还挺怀念那些日子。到了他们要离开的时候，你们不知道那个场面有多感人。起初我们村干部还想着是不是组织一个欢送会什么的，后来想想还是自发形成吧，这样可能更好。当时走的时候，好多学生都哭了，我们的村民也哭了，恋恋不舍。

**问**：这个大学生进农户的活动现在每年还在搞吗？

**答**：那次活动社会反响挺好，后来越来越多的高校与我们联系，延续这种大学生三下乡的活动。其实，我们自己也想搞，因为大学生一走，整个村子又一下子安静下来了，又恢复了往日的平静，大家开始觉得似乎少了点什么一样。然后，一些热心的村民开始跟我们村委建议，"大学生进农家"的活动可以坚持下去，不能光是种田，我们村民自己也需要丰富一点的生活方式，所以这个活动就每年都坚持下来了，每一年都会有学生来我们村子交流学习。文化大院就是那个时候开始筹建的，专门提供这样一个场所，让我们的村民茶余饭后有一个休闲娱乐的场所。

**问**：修建这个文化大院应该花了不少钱吧？

**答**：是的，第一次就是村委出资修建的，花了好几十万，原来的迎龙山庄改造成的。反正都是为了全体村民，这些钱还是值得的，大家都挺满意的。2008年汶川地震的时候，几乎被全部损毁了，然后县委县政府给了一些支持，重新修建起来的。如今你看到的这个样子是重建之后的，光是重建就花了近80万。

问：这个文化大院很漂亮，功能设施也挺好。高书记您再给我们谈谈集中居住吧？

答：搞集中居住我担任村主任，我们向华西村、南街村等一些全国的明星村学习，我们发现别人是土地集中治理、农民集中居住。于是，我们就开始筹划战旗村村民集中居住。我们当时正逢成都市出台"三个集中"的文件，就按照文件的精神推进战旗村村民集中居住。集中居住一方面可以改善我们的居住条件，另一方面还可以有利于我们整个村庄的规划。其实在我看来，土地集中和村民集中居住是相辅相成的。我们村为了发展集体经济，统筹土地资源，先后进行了几次土地调整，在20世纪七八十年代先后进行了两次，我们以队为单位，每次调整，每个队的人员增减不一样，中间会有差异，但是很小。我们这次集中居住，原来的建设用地变成了农业用地，进行了很大的调整。这次调整的过程中，以村为单位重新确定土地。说起来很复杂的一件事情，我们可以把它简单化。如果单独去量土地很麻烦。其实老百姓最关心它的数量而不是位置，所以，土地集中的方案一推出来，老百姓也是欣然接受。

问：那高书记，您能不能给我们介绍一下村子的农业产业化呢？

答：我们村子对于农业产业化的摸索还是有点久哦。成熟的就有"公司＋农户"和"村—企—农"两种模式。战旗村实施"公司＋农户"的产业模式自20世纪90年代开始。当时是高玉春担任村支部书记，他在外调研的时候，无意发现重庆的涪陵榨菜卖得非常好，全国知名度非常高。高书记发现涪陵榨菜的产销一体化很有意思，农民种菜直接卖给当地的榨菜生产公司，然后榨菜公司进行加工，再销往外地。高书记当时就想着能不能在战旗村也开发这种经营模式？在详细了解了这个涪陵榨菜的种植后，高书记自己出钱购买了种子带回战旗村。那个时候应该还是九几年吧。回到村里，高书记免费送给部分村民，鼓励他们尝试新事物，还说只要有村民种植，他负责按照市场价进行收购。

战旗村每年有两季农作物种植，而榨菜种植到收获的时间比较短，正好在收割水稻和种植油菜之间的时间土地荒着，这就正好给榨菜种植提供了一个时间空当。第一年种植的人好像并不是特别多，但高书记没有食言，凡种植的人，有多少他都收多少，差不多种植榨菜的农户平均每年增加了800块钱，这在当时还是很可观的一笔收入。毕竟我们战旗村当时有那么多的食品加工型的集体企业，只要收回来，就可以进行加工、销售。看到第一年那么多人种植榨菜都取得了不错的收入，第二年就开始井喷，几乎家家户户都种上一点榨菜，慢慢地，榨菜就成为我们这里的一个主要农作物。更有意思的是，我们还带动了周边村子的种植。现在战旗村种植榨菜的面积减少了，主要是因为我们搞土地集中，发展农业产业园，但是周边依然很多，保守估计就上万亩吧。

问：那您再介绍一下"村—企—农"模式吧。

答：最初家家户户分散种植榨菜，种植效益不一致，有的高有的低，种植榨菜的质量也会因为种植人的用心或者不用心而不同。2003年，我们村组织去南街村和华西村参观学习，我们发现人家的土地都没有搞包产到户，而是集中在一起，由村委进行管理——这是我们最大的收获。那个时候国家并没有像现在这样鼓励大家进行土地流转经营，还没有这个说法。我们就回来想学习人家的做法，自己搞集中。后来召集村里的干部开会，讨论这个土地集中的想法。虽然想法比较新颖，但由于之前没有这个方面的实践经验，所以我们起初只是试验性的。

问：试验？怎么个试验呢？

答：就是家家户户先划出三分地来，由村委进行管理。我们也不强求，而是采取自愿的原则，你愿意的话就划，不愿意就算了。你出三分土地，我们村委负责进行种植和经营，你不管我具体做什么，然后由这三分地来抵扣你们家的税费，如果还有多余的收入，就直接充入村集体账户。因为可以不用再交税，参与的村民还是不少。我们的这个"村—

企—农"其实就是源于之前的那个"公司＋农户"。刚开始我们也没有这么提，没有这么总结过，还是当时县委书记来到战旗村视察新农村建设情况时，对于我们的这个模式比较赞赏，总结为"村—企—农"模式。说简单点，就是农民和企业通过农业股份合作社来进行合作，达到共赢。当我们村土地全部集中之后，这么多的土地集中起来，具体做什么呢？这个才是摆在我们面前的一个难题。我们就要想办法与一些企业合作，共同开发和利用这些土地。这就是我们当初的想法。像现在的妈妈农庄还有那个榕珍菌业，其实都是那个时候搞出来的，还是挺不错。农民转让一下土地，用土地入股，村委像是中间人一样进行土地规划。当然，我们还是要搞与农业相关的项目，比如旅游观光什么的。我们不能破坏这里这么好的环境，即便哪一天失败了，我们还可以迅速回过头来搞农业生产。所以，我们在与企业合作的时候就会有倾向性地选择，不是什么企业都可以来我们战旗村发展的，我们肯定不能牺牲长远利益来换取眼前这点利益。我要对我们的子孙后代负责任！

问：我知道你上任以来，特别注重环境保护，很看重未来村子的旅游产业，我听说是今后要建造一个农业公园，能不能介绍一下您这方面的打算？

答：（在战旗建）农业公园是2011年我参加全国"村长论坛"后，将论坛的内容和我们战旗的实际结合起来提出的。"村长论坛"的内容包括蔬菜种植、农业观光、农业旅游等其他与农村、农业相关的内容。我个人是很看好农业观光的。这个"农业公园"也是根据成都市、郫县对我们这个地区进行的产业规划，进一步联系实际提出的。无论发展到什么时候，做什么事情都必须要跟上面的政策相衔接，不能与上面的政策背道而驰，不符合规划不能做，如果你非要那么做的话，不但得不到支持，在很多方面也会受到限制。

我们这里是上风上水，以前是国家二级水源保护区，自从都江堰开始修建后升成一级保护区，成都市90%以上的生活用水都是从我们这个地方进入水厂的。我们唐昌镇是四川省旅游休闲的示范区，同时我们战旗村又远离城市，是一个纯粹的农村。因此，根据这些实际情况，我们就想应该在农业上下功夫。但是传统的农业是相当弱势的一个产业，如果我们只是单纯的发展农业就很悬！如果依然走传统农业的道路，很可能丰收的时候也是农民哭鼻子的时候，因为丰收的时候不一定就是增收的时候。所以，我们想到引进一二三产业，把农业和农业休闲、观光联系起来。农业公园就是在这个前提下产生的想法。实际上，全国很多农村也都在搞农业观光，但他们搞的农业观光都没有突破一个模式——家庭型，比如农家乐。农家乐规模小，而且完全依靠政府扶植、投入。一般的农家乐，特别（依赖）公共环境、公共配套设施，政府一旦撤去支持，就会变得一塌糊涂。所以我们村上就提出来公司化运营，引进企业再以村上资产入股，采取纯粹市场化的合作模式成立公司，打造一个具备基础配套设施的景点，在此基础上再引进、投入建设一些相应的休闲项目。为什么又取名叫"农业公园"呢？因为要以农业为主，然后还要展示农业。这里上风上水，有都江堰的水流入，我们就想把它搞成一个用水、保护水的模范基地，让成都人看我们是怎么样用水、保护水的，如果下游的人关心他们的生活用水质量，就可以来我们这里看一看，这相当于给我们带来了经济收入。有了经济收入的支持，那么水源保护就能够持续运行了。我们之所以不允许搞一些有污染性的企业，也是因为我们要建设生态公园。如果生态遭到了破坏，我们的家园就没有。

那么具体"农业公园"的内涵包括什么呢？因为说起话长，我就简单地把一些我认为的比较精髓的讲给大家（听）。首先，就是在农业公园里展示现代农业。我们想展示原始农业、设施农业，还有我们都想回归自然的生态农业，从这三个方面，让人们体会、感受现代农业，这是一方面。另一方面，我们要展示一些农耕文化。农耕文化是农业公园的内容。我们所说的农耕文化不只是种植方面的，有可能包括一些养生方面的产品。你看得到一些原汁原味的农产品的加工作坊，比如日常生活中的米坊、面坊、茶坊、豆腐坊、豆粉坊等。我们就可以建立这样的"农业十八坊"，以此作为平台，以作坊式原生态展示农产品加工，而不只是简单的产品展示。这样我们的"农业公园"也就相当于一个超市，但不只是农业产品的超市，而是一个点一个点地展示传统农业的生产方式——这种理念是一个日本人首先提出来的——这样做必须需要一个前提：这里的农产品不上市场，你如果喜欢这里的农产品就必须来我这里买，其他地方是买不到的。比如说传统的原汁原味的酱油，只有到我这里才能买得到，就是这个意思。而关于这个理念，我也请了几个日本专家来详细讲解，我们也就更加清楚自己的发展思路了。

现在讲究生态，追求回归自然，人们往往最想看到的就是那些已经大部分失去了的东西，而传统的农业就是失去的东西，我们把那种感觉找回来并在农业公园里展示。人们在农业公园里找到那个感觉，看到未来的农业发展的方向。同时，农业总是与我们的生活息息相关，我们就会相继推出一些养生产品，推广一些养生文化。我说这个"养生"涉及的面比较丰富。不仅包括一些原始淳朴的生活方式、养生的农业产品，还包括一些劳动养生。这个理念也是由日本首先提出来的，他们称之为"农药活动"，意思就是说，你在我这里参加农业劳动，就可以免去吃药。所以说我是比较下功夫做这个事，因为我们是天府之国、长江上游，我们的巴蜀文化影响了长江中下游，我们可以把所有有特色的想法和事物都浓缩进来。比如我们农村以前的婚丧嫁娶传统仪式，一整套都可以在农业公园里展示出来；比如妈妈农庄，它是集会议、接待、休闲、婚庆于一体的场所。我们这个农业公园打算专门修一个蜜月村。记得我曾经去杭州的阿曼酒店考察学习，那个酒店外面看起来很简单，里面却是相当的高档和时尚,很多的人光顾,必须花费几千或者一万住一晚上,而这样的酒店也必须定位于高档消费。因为度蜜月,一辈子就一次,花几千也划算。同样的道理,我也可以给你提供类似的服务。我们农民有一句话叫"闹里有钱,静处安身"——热闹繁华的地方只能找钱(赚钱),要安身养性还是静处舒服,我提供这个服务就对了,这是农业公园的最终(形态)。然而发展农业公园,要想使这个地方有生命力,还是需要有文化,这个是不能忘的。

**问**:您为什么对做农业公园有那么大的信心呢?

**答**:就目前来说,整个成都市农业旅游观光相当激烈。如果没有新招,还不如不搞,要搞就要搞个比较有特色、有创新的。现在农家乐的公司化运作很少。我可以搞田园博览会、农业博览会,都可以放到农业公园里来。我为什么取"中国农业公园"这个名字,既有农业的东西,又是旅游的地方,有吃、住、行的要素。今年的妈妈农庄只是小小的搞一下,没想到会有这样好的效果,两个月接待了40万人,证明我们有这个能力聚人气,同时也给我们带来很多反思。我们要打造旅游景区,必然要涉及吃、住、行、游、购、浴六个要素,然而我们的发展还是有很大差距。一是我们基础配套不完善,还有就是我们的经营管理根本没有经验。我们打算通过一份小简介,就是介绍战旗村的资料,以每个人10块钱价格发给前来旅游观光的游客,一方面让他们更加了解我们战旗村的发展历史和经验,另一方面还可以给我们带来可观的经济收入。其实任何事情都能够与经济相联系,也只有和经济相联系才会保持长久的活力,然而这一切都要建立在土地这个资源上。土地是不可再生的资源,我们必须要用好它、管好它。

**问**:战旗村能有今天的成绩,离不开你们这八位书记的努力。您能不能说说你们这个村子所有书记的特点呢?

**答**:从发展变迁的历史来看,我们战旗村能走到今天,每一位书记都有自己的贡献。我们历经八位书记，八位书记都来自不同的家族，战旗村发展的整个过程却始终保持了连续和稳定。这个作为中国农村来说，它是具有可复制性的。因为中国很多村的发展也都是经历了几任（书记），但是现在咱们有些村村干部的委任都慢慢形成家族制，他们父传子、子传孙，几乎整个管理层成员，包括村里所有公司的负责人都是自己一家人。今年我在"村长论坛"上遇到江苏省常熟市支塘镇蒋巷村的书记，他就明确说：我们村不搞家族制。他对自己的儿孙也明确指出不搞家族制。

我们国家存在一些家族式的村庄，而且他们都发展还不错，从村庄的发展上看，也不能说家族制有什么不好。虽然在企业发展方面，我们战旗村还远远不如其他发展好的村，但战旗村之所以有今天，与它自身领导班子的管理有很大的关系。几乎每一任书记在职期间都给战旗村的发展做出了不小贡献，每一届都引领着战旗村向前发展。我很荣幸大家推选我为村书记，但有之前这么有成绩的书记，我感到很有压力。

其实，我觉得如果一个村主任要想干出一番成绩，必须得有十年八年才可以。比如我当书记才两年，但我当村主任九年，未来再干几年，大概干到60岁退休，总体下来也得有个十几年。村里的发展要紧跟国家政策。习近平总书记提出要全面建成小康，要在十年之内实现老百姓收入翻一番。我在想，如果我们能都达到这个目标，我的任务也就完成了。说按照整个村发展的战略规划，我认为到那时候实现这个目标应该是没有太大问题的。

但不管咋样，如果搞得好的话，还是要五六年，搞不好的话大概得十来年吧，发展中肯定还是会有很多问题。首先，以前我们的发展无论是谁走在前面，都缺少对现在所提出的科学发展、生态环保、人与人和谐、人与自然和谐等要求的考虑，只要能挣钱就去做，不管是否有环境污染，不考虑对其他人的负面影响都去做，这是很盲目的。还有一点就是在我们改革开放初期，不管你做什么，只要你有产品就会有市场。但是现在我们必须先找到市场后才来做产品。当时是以产定销，现在我们是以销定产，所以这个时候的发展还是相当艰难的。

因此我们要想发展好，首先要有一个好的思路。这个思路要求我们必须摸清我们自己的家底，而这个家底并不单单指弄清楚我们有多少钱，还得清楚我们自己有哪些资源优势。资源到底是什么？我们的群众有什么想法？他们最大的期盼是什么？这些我们都必须弄清楚。还有，我们也应该弄清楚怎么去做老百姓们才能够接受？而要想大家都能接受，不可避免地需要去做群众的工作。即便是以上几点我们都做好了，还有一点是不能忽略的：你必须要跟进当前的形势，如果你对当前的形势不了解，和现行政策唱反调，哪怕你是再赚钱，国家都是不允许的，那也不行。因此，我们首先要把政策弄清楚，吃透上面的精神，然后再摸清下面的情况，最后对准市场，这样的思路才是对的，如果不跟市场接轨，也是搞不成的。这也就是我们现在所有村获得发展必须面对的一个大课题。

新农村发展中任何一个村，其发展最主要的是有资源，而资源是啥？就是土地！实现土地的资源化，然后和市场对接，这样子的发展就对了。你如果不把土地这篇文章做好，你就无法研究如何发展，根本就是空讲了嘛。

我们村在整个发展过程可以说都是在土地上下功夫。村中采取综合治理土地的方式，根据土地的区位和性质来进行经营管理。前面我跟你们介绍过土地经营，我们成立了一个土地股份经营合作社。这个合作社就是对农用地进行经营管理。因为你既然要参与市场，就不可能以村委会、以支部（的组织形式）去参与市场，我们要公司化运转，就要参加这个合作社。这个合作社统一对资金、农用地进行经营管理。而合作社的管理模式就是：第一，我们可以流转一些经营大户。第二，我们引进一些新型农业。第三，我们引进一些农业旅游休闲的项目。与此同时，我们还要保留一些土地，因为你不可能把所有的土地都流转出去，必须留下一部分，由我们合作社自主经营。为什么要这样做呢？因为流转过程中，总会出现流转期限满了的情况。而合作社就是自主经营管理农用地的中心，对此我们成立了一个投资管理公司。我们村上的建设用地和其他的资产全部都纳入这个公司。投资管理公司是以我们 2010 年 4 月 20 日农村在产户口人员为基地的组织成员，这些人有权享用我们这些资产，也只有这些人才有股份。我们把整个村的资源整合起来经营，将经营理念引进到村上的管理。不同于国家、省上、市上的书记起着重要的作用，我们村的干部，不管是村书记还是村主任都全不起作用，你得给老百姓带来实惠，带来实惠，老百姓才认可你、支持你。所以我们首先要有集体经济，在实现村业绩的过程中，集体意识才具有最大的凝聚力。

**问：高书记对统筹城乡发展有什么看法吗？**

**答：**我们现在搞这个统筹城乡，我个人认为讲的是城乡一体化，如果仅仅从硬件上建设，这个很简单，但是思想上是不是一体化？观念上是不是一体化？生活上是不是一体化？行为习惯上是不是一体化？那就难说了。城乡一体化不但要从表面上，更要从思想上精神上实现一体化。这并不是简单的一句空话，而是一个漫长的系统的工程。要搞城乡一体化，就是要实实在在的，农民的素质要提高，但又不失我们农村的特色，如果全部城市化了，我们还叫啥子新农村呢？所以新农村建设绝不能脱"农"字。我们是新农村建设，城乡一体化过程中我们必须带有乡村的味道，有乡村的味道就不能脱个农字，脱了"农"字那就是城市化，或者小城市化。因此，我个人认为统筹城乡发展，不仅要进行硬件的建设，在软件上也不能忽视，农民变市民，身份很好改变，但是农民的观念更需要改变。

**问**：现在战旗村走在了前面，您有何感想呢？

**答**：我觉得人无法做到大公无私，但是我们可以努力做到先公后私。我觉得自己能力水平很有限，但是我很用心，我坐在这个位子上一天，就要为村民办一天的事情。我也怕辜负了大家的期望。现在你们看到的，（这）不仅仅是我的功劳，也是之前七位书记的功劳，更是战旗村村民的努力。这里是生我养我的土地，我对这里有着深厚的感情。这里的村民勤劳致富，无论是今天还是在改革开放时期，哪怕是在过去连肚子都吃不饱的时候，我们战旗村的村民就是不怕吃苦，那种肯干的精神鼓舞着我们每一个人，可以说今天的战旗是过去多少年的沉淀，一代人一代人传承下来的。

# 附录　战旗村大事记

1950年初，战旗村为灵圣乡的集凤村，1952年至1965年属于先锋人民公社金星村三大队——集凤大队，1965年从金星村分离出来后，更名为"战旗村"。

1968年开始，战旗村开展"沟端路直树成行，条田机耕新农庄"的土地"条田化"改造。

1978年，战旗村将旧土窑改建机砖厂，开办了第一家村集体企业——"先锋第一机砖厂"。

1991年，战旗村被成都市政府评为"先进村级组织""军警民共建精神文明先进单位"，被四川省政府评为"四川省先进村级组织"。

1994年，战旗村被列为郫县村集体企业股份制改革试点村，将本村经济效益较好的5个企业——"先锋一砖厂""先锋酿造厂""会富豆瓣厂""先锋面粉加工厂""郫县复合肥厂"改制为股份合作制企业，组建了"成都市集凤实业总公司"，公司成立董事会负责企业的经营管理。

1997年，战旗村被中央宣传部、解放军总政治部评为"军民共建社会主义精神文明先进单位"。

1998年，战旗村被四川省委评为"四川省五个好村党支部"。

1999年，战旗村被成都市委、市政府命名"文明村"。

2000年，战旗村被四川省委、省政府命名为"文明村"

2001—2003年，战旗村开展集体企业产权治理改革，将村企收归集体，为集体经济发展奠定了基础。

2003年，战旗村在5社、7社开展"三分地集中经营"试验。

2006年，遵循"依法、有偿、自愿"原则，战旗村两委引导村民将土地承包经营权按每亩土地720元折价入股，成立土地股份合作社，负责流转全村承包地及集中经营。

2006年，西华大学、四川师范大学成都影视学院、四川农业大学水产学院、四川科技职业学院的360名大学生来到战旗村180户村民家，与村民同吃同住同劳动，以"高校＋支部＋农户"的形式开展"大学生进农家"活动。该活动被评为"2006年中国政府十大创新典型"。

2006年，在郫县县委、县政府、县委宣传部等部门的支持与帮助下，战旗村筹资80余万元对原"迎龙山庄"进行了整体改造，建成了西部最大的村级文化场所——战旗村文化大院。

2007年，战旗村开始建设现代农业产业园。

2007年，战旗村被政府授予"四川省绿化示范村"光荣称号。

2007年，战旗村利用农村新型社区建设示范点和城乡建设用地增减挂钩试点机遇，通过村民民主决议，并最终获得四川省国土资源厅批准立项后，综合整治置换出440.8亩土地，并将其中的315亩集体建设用地指标挂钩到郫筒镇城区使用的预期收益，向成都市小城投公司融资9800万元，进行新型农民集中居住社区建设，并在此基础上统筹实施新农村综合体建设。最终，战旗村采取"统规统建"和"统规自建"两种方式，于2009年建成了9.1万平方米的新型社区。

2008年"5.12"特大地震中，文化大院遭到了严重的损毁，在县委、县政府的帮助之下，战旗村于 2009 年 5 月完成了重建工作。

2008 年 11 月，战旗村注册创办了"郫县战旗村金针菇专业合作社"。

2009 年 9 月，战旗村在"郫县战旗村金针菇专业合作社"的基础上进行改组，组建了"郫县唐昌镇战旗蔬菜专业合作社"。

2011 年，战旗村开始进行集体经济股份制量化改革，完成农村集体产权确权登记颁证。

2011 年，战旗村利用土地综合整治中预留的 23.8 亩集体建设用地及周边农业用地，以 50 万元/亩作价方式入股与北京方圆平安集团和四川大行宏业集团合作，建成"第五季·妈妈农庄"和近 600 亩薰衣草基地。"第五季·妈妈农庄"是战旗村引入的第一个农文旅综合项目。

2012 年，战旗村在中国村社发展促进会支持下，启动"战旗村中国农业公园"项目。该项目将新型社区、妈妈农庄、文化大院等资源盘活，并整合了沙西线以南近 2000 亩土地，其中包括集体建设用地约 150 亩，以战旗村全资控股的投资平台——成都集凤投资管理公司为平台，打造天府农业旅游体验地和生态田园小镇。

2014 年，战旗村积极践行绿色发展理念，经村集体商议后，关闭了肥料厂、预制厂等 5 家对环境产生污染的集体企业。

2015 年，战旗村开展集体经营性建设用地入市改革试点，组建郫县唐昌战旗资产管理有限公司，将一宗 13.44 亩集体经营性建设用地 40 年使用权以 52.5 万/亩，总价 705.9675 万的价格成功出让给四川迈高旅游资源开发有限公司，敲响了四川省农村集体经营性建设用地入市的"第一槌"。

2016 年，战旗村集体资产达到 2500 万元，集体经济收入 350 万元，村民年人均可支配收入达 22300 余元。

2017 年，战旗村启动农商文旅融合发展项目 3 个，吸引社会资本

2.86亿元，年接待游客达40余万人次。村集体资产增至4600万元，集体经济收入达462万元，村民年人均纯收入26053元，相比2015年提高了4000多元，高出全区水平1993元，高于成都市平均水平5755元，比省内农民平均收入高出13826元，超出全国农民平均收入12621元。

2018年，四川迈高旅游资源开发有限公司在战旗村第一宗入市的集体经营性建设用地上，投资7000万元建设的独具川西民居风格的"第五季·香境"旅游商业街区全面建成运营。

2018年2月12日，习近平总书记来到战旗村视察，听取了战旗村乡村振兴工作汇报，走进"精彩战旗"特色产业在线服务大厅，在战旗村向全国人民送福，表达新春祝福，并发表重要讲话，要求战旗村在乡村振兴战略实施过程中"走在前列，起好示范"。

2018年8月，占地80多亩的"乡村十八坊"建成开业，成为战旗村自主开发经营的第一个农文旅综合体项目。

2018年10月，农业农村部将战旗村推介为2018年中国美丽休闲乡村。

2018年，由郫都区政府牵头，在战旗村以"战旗引领、三轴串联、环廊聚集、四区联动、多点共生"为发展策略，建设"绿色战旗·幸福安唐"乡村振兴博览园。

2018年12月，战旗村承办"第十五届成都国际美食节乡村振兴体验会场暨第六届郫县豆瓣博览会"开幕式。

2018年，战旗村旅游收入达到6500万元，全年到村游客达84.4万人次，文旅业产值达3200万元，文旅业产值增长300%。村集体资产进一步增加至5700万元，经济总产值近3亿元，集体经济收入520万元，村民年人均纯收入提高到28600元，同比2017年增加10%，比2012年增长近80%。

2019年2月12日，在习近平总书记视察战旗村一周年之际，四川战旗乡村振兴培训学院举行揭牌仪式。

2019年3月，战旗村成功创建国家AAAA级景区。

2019年7月，战旗村入选首批全国乡村旅游重点村名单。

2019年10月，战旗村望吕家院子"望丛釜"火锅店开业，成为第一个"生态环境分红"项目。

2019年，村集体资产达到7010万元，集体经济收入610万元，村民年人均纯收入3.24万元。

2020年，在全省村级建制优化调整的整体部署下，战旗村实现了面积上的扩容，与邻近的原金星村合并成了新的战旗村，面积从过去的2.06平方公里扩大到5.36平方公里，耕地面积5441.5亩，辖25个村民小组，辖区人口从过去的1704人增加到了4493人。

2020年11月24日，全国劳动模范和先进工作者表彰大会在北京人民大会堂举行。战旗村党支部书记高德敏获得"全国劳动模范"称号。

2020年，战旗村景区共接待游客79.4万人次，实现全口径旅游营业额5786.5万元，村集体资产共计7010万元，实现集体收入621万元，村民人均收入提高到3.24万元。

2021年，战旗村用集体建设用地作价入股，引进四川天府旅游度假区开发有限公司，成立四川战旗飘飘运营管理有限公司投资建设天府酒店。

2021年6月28日，全国"两优一先"表彰大会在北京隆重举行，郫都区唐昌镇战旗村党委荣获"全国先进基层党组织"称号。

# 参考文献

屈锡华，胡雁，李宏伟. 战旗村变迁纪实录［M］. 成都：四川大学出版社，2014.

董筱丹. 一个村庄的奋斗（1965—2020）——中华民族伟大复兴的乡村基础［M］. 北京：北京大学出版社，2021.

屈小博，程杰，等. 城乡一体化之路有多远——成都市郫都区战旗村［M］. 北京：中国社会科学出版社，2019.

童洁，李宏伟. 村级农业产业化经营体系的变迁路径分析——基于成都市郫县战旗村的实证研究［J］. 西南石油大学学报（社会科学版），2015（3）：32-38.

焦永利，叶裕民. 统筹城乡背景下的农村现代化分析框架与应用——以成都市为例［J］. 农村经济，2015（1）：104-109.

宋绍繁，杜锁平，曾浪. 与时代同频共振　走改革兴村之路——战旗村农村土地制度改革的经验与启示［J］. 资源与人居环境，2019（2）：10-14.

# 后　记

2006年，战旗村热情地接待了超过360名大学生，轰轰烈烈地开展了"大学生进农家"活动。这次活动是当时郫县政府响应党中央"建设社会主义新农村"号召而采取的一项重要举措，活动创造的"'高校+支部+农户'推进农村'新文化运动'"模式，获得2006年度"中国十大政府创新典型奖"。对于战旗村而言，这次活动的意义远非一场"新文化运动"，而是战旗村获得政府关注、开启发展新篇章的一个里程碑。

在这次"大学生进农家"活动中，四川师范大学成都学院是主要的参与高校。我的导师，也是本书的作者之一——屈锡华教授当时正担任该校的院长，亲自带领学生全程参与了这次活动。作为一名从事了二十多年农村社会学研究的资深专家，屈锡华教授很敏锐地觉察到战旗村的与众不同，当时便对我说："将来这个村子（战旗村）不一般！值得关注！"我详问缘由，屈锡华教授总结了几条：一是领导班子不一般，尤其是村书记和村委主任，不仅具有处理乡土社会人情世故的草根智慧，而且具有一般村干部不具备的宏观战略思维，头脑清楚，思路活络，尤其懂得要将村子的发展与国家的政策结合起来。二是具有自立自主自助精神。村干部积极主动地思考发展道路，不等不靠，而且愿意学习、善于学习。三是依靠集体把农民组织起来。当前中国"三农"的诸多问题都与分散的小农经济有关，农民要发展必须实现组织化，战旗村这点看得很准。四是懂得围绕土地资源做文章。战旗村搞土地股份合作社、建立农民集中居住社区，还要搞农业产业园，这些都与土地密切相关。之后，屈锡华教授鼓励我继续关注这个"不一般"的村子，由此结下了我们与战旗村的不解之缘。

2007年下半年，我在战旗村开展了为期三个月的调研，与村民一起见证了战旗村新型社区的奠基仪式，访谈了时任村支部书记的李世立和村委主任高德敏，聆听他们述说战旗村的历史、现在的发展及未来的规划，以及村民对战旗村发展的看法和期待，并在此基础上完成了我的硕士毕业论文《乡村治理中的政府注意力研究——以成都市郫县战旗村为例》。之后几年，我随屈锡华教授多次拜访战旗村，每次前往都能真实而深刻地感受到战旗村的变化与发展。2013年，战旗村的发展已经取得了较大的成就，并逐渐形成了较成熟的发展模式。一个普通的川西小村庄如何发展壮大？这样的主题不仅对于中国乡村研究极具吸引力，而且也对推动中国农村发展的实践大有裨益。于是，在屈锡华教授的带领下，正在攻读博士学位的我与同门七名研究生再次走进了战旗村，对建村以来的七位村书记（还有一位村书记已经去世）进行了详细地访谈，并查阅了战旗村各方面的档案资料，在此基础上撰写了《战旗村变迁纪实录》一书，并于2014年由四川大学出版社出版。

随后的几年中，战旗村前进的步伐越来越快，在基层党组织建设、土地制度改革、集体产权治理、产业融合发展、乡村面貌改造、民主治理和文化建设各个方面的成就令人瞩目。随之而来的是更频繁的媒体报道，更多基于战旗村实践的学术研究，更高级别党政领导人的视察，直到2018年2月12日习近平总书记亲临战旗村视察，并对战旗村的党建、经济等各项工作给予了充分肯定，称赞"战旗飘飘，名副其实"，并嘱托战旗村要在乡村振兴中"走在前列,做好示范"。由此,战旗村这一川西的普通农村彻底发展成了"明星村",完全印证了屈锡华教授十年前对其"不一般"的论断的正确性和前瞻性。面对战旗村新的发展实践,新的发展经验,屈锡华教授与我商议,决定进一步对战旗村展开研究,重点梳理战旗村近几年的发展,以乡村振兴战略为导引,更系统详细地总结提炼其发展经验。为此,我们再次走进了战旗村进行调研。与此同时,借着参与成都市郫都区政府土地制度改革项目委托项目"以土地制度改革为支撑的乡村振兴研究"和"农村集体经营性建设用地入市支撑的农村新产业新业态发展研究"的机会,更系统地研究了土地制度改革与战旗村发展之间的关系。在这些前期研究的基础上才有了本书最终的付梓出版。

本研究得以完成首先要感谢战旗村党委书记、全国劳模高德敏,前村书记蒋大兴、罗会金、李世炳、易奉先、高玉春、李世立,以及其他村干部和村民的协助。书中大量的素材来自对他们的访谈。除此之外,他们还为我们获取其他有关战旗村的资料提供了重要帮助。

本书使用的部分资料由 2012 年至 2013 年与我同往战旗村调查的同门师弟师妹收集和整理,他们是童洁、王晓峰、吕小凤、刘红艳、王文娟、张涵越、樊福利、杨梅锦、申毛毛、王琴、王洪波、杨淑婷、田艳芳、张燕玲、陈轩瑾、周子希,在此一并表示感谢!

此外,还要感谢杜芳博士、赵祎甜老师,以及我的学生曾魏、刘璐璐、熊雪梅、喻培林、曹吉琳、念可欣、梁昕怡、杜凯波、罗文和王彦文,他们在本书的资料收集和文稿校对方面做了大量细致的工作。

最后,希望本书的出版能成为战旗村发展变迁的一个注解,让更多人看到"战旗飘飘"那动人心魄的壮丽画面。

李宏伟<br>2021 年 10 月 2 日